元宇宙银行体系建设初探

朱云涛 著

中国商业出版社

图书在版编目（CIP）数据

元宇宙银行体系建设初探 / 朱云涛著. -- 北京 : 中国商业出版社, 2022.8
ISBN 978-7-5208-2167-4

Ⅰ. ①元… Ⅱ. ①朱… Ⅲ. ①信息技术－应用－银行体系－研究 Ⅳ. ①F830.22

中国版本图书馆 CIP 数据核字（2022）第 142213 号

责任编辑：黄世嘉

中国商业出版社出版发行
（www.zgsycb.com　100053　北京广安门内报国寺 1 号）
总编室：010-63180647　　编辑室：010-63033100
发行部：010-83120835/8286
新华书店经销
武汉市籍缘印刷厂印刷

*

880 毫米 ×1230 毫米　32 开　5 印张　71 千字
2022 年 8 月第 1 版　2022 年 8 月第 1 次印刷
定价：58.00 元

*　*　*　*

（如有印装质量问题可更换）

前 言

元宇宙是当今世界各国热议的一个新兴互联网概念，或将成为未来数字生态的主流发展模式。

元宇宙 (Metaverse) 是指利用科技手段进行链接与创造的，与现实世界映射与交互的虚拟世界，具备新型社会体系的数字生活空间。元宇宙本质上是对现实世界的虚拟化、数字化过程，需要对内容生产、经济系统、用户体验以及实体世界内容等进行大量改造。但元宇宙的发展是循序渐进的，是在共享的基础设施、标准及协议的支撑下，由众多工具、平台不断融合、进化而最终成形。它基于扩展现实技术提供沉浸式体验，基于数字孪生技术生成现实世界的镜像，基于区块链技术搭建经济体系，将虚拟世界（独立于现实世界，与现实世界有联系的世界）与现实世界在经济系统、社交系统、身份系统上密切融合，并且允许每个用户进行内容生产和世界编辑。

“元宇宙”一词诞生于1992年的科幻小说《雪崩》，小说描绘了一个庞大的虚拟现实世界，在这里，人们用数字化身来控制，并相互竞争以提高自己的地位。关于元宇宙，比较认可的思想源头是美国数学家和计算机专家弗诺文奇教授，在其1981年出版的小说《真名实姓》中，创造性地构思了一个通过脑机接口进入并获得感官体验的虚拟世界。

当前，这一概念还处于萌芽阶段，其发展模式尚未定型。但元宇宙与现有数字生态的主要差异及其核心理念已基本显现，一旦其开始迅速发展并成熟，将对各国经济、政治、社会产生广泛的影响。

分宇宙是指由部分客观物理世界，及利用科技手段通过人类感官思维在意识中形成的部分虚拟世界，联合构建而成的独立生活空间。元宇宙是所有分宇宙和现实世界的总集合。每个分宇宙的界定标准是：(1) 具有相对独特完善的整体运行规则及其对应表现形式，基本运行规则仅分宇宙管理者可以改变;（2）在分宇宙外部条件未发生明显变化时，能够形成内循环，并相对独立，从分宇宙外部仅可对其施加启动、终止、暂停等影响，而不能直接改变分宇宙自有运行的内容；（3）可以在主动参与者允许范围内与其开展互动，并能保护和尊重其自由意志及人身安全，也可以仅作展示，非人智能体一旦被认定为主动参与者，享受相同待遇。

元宇宙或许将改变很多事情的运行方式。在真实与虚拟的无限组合中，诸多的新技术将被应用，创造出难以想象的价值，文明迭代可能会大幅加速，并形成良性循环，信息的沉淀和传递将呈几何级增长，机器思维也会适时崛起，并与人类共存。

在畅游于各种奇特场景与独特文化时，我们如何来保证灵魂的守正和生存的价值？认知的扩展固然重要，价值的传递则更加实际。在虚拟世界中取得的无限荣耀和无尽财宝，如果能带到现实世界，那必将是十分美好的。

银行作为金融体系的主力军，在元宇宙中也非常适合继续担任这一角色，连接虚拟与现实的价值传播，提供元宇宙一体化的价值基准链条。银行本身也可以通过拓展元宇宙业务获得价值提升。

在虚拟世界中可以开展仅适用于虚拟世界的独特金融服务，并与金融同业、配套供应商等一起形成相对独立的一体化虚拟社区，为整个元宇宙提供组件化的金融稳定体系。线上线下联动的商业模式中，可以通过虚拟世界桥接现实，跨越时间和空间来提供未来感十足的服务体验，通过降临机制打通虚拟世界与物理世界的界限。在元宇宙流通体系中，通过构建不同等级的金融稳定体系以及不同层级的货币兑换协议，来实现安全可靠的价值计量和流通。

通过银行体系作为虚实价值连接点有许多不可取代的优势，银行作为一个具有公信力的第三方机构，能提供政府和个人都十分认可的安全感。另外，银行天然具有阻止各类犯罪行为的防范体系及意识，庞大的科技队伍和盈利能力能使元宇宙体系的建设得到保障，背后隐隐存在的政府支持也能确保相关体系可以持续运作及保持更新。优质的金融服务本身就是银行的拿手好戏与孜孜追求。

当然，元宇宙银行体系建设也会面临不少新的挑战。在一个崭新的世界中，遵循古老的价值传统，在融合与独立间寻求平衡，在一个陌生的战场融会贯通各类新兴技术，都需要整体的思考与设计。

除了价值传导，我们还需要关注在虚拟世界中可能迷失的灵魂，以及施加其上的各类伤害，给予顾客尽可能多的关怀与帮助。而这些关怀与帮助终将得到更为丰厚的回报。如果元宇宙最终帮助人类跃迁上新的文明平台，过程中可能出现的许多新的现象及问题都需要及时思考。例如，广义人工智能的诞生、思想的无限联接、人机依附的加强版新人类等，都会极大地影响我们的生活。我们既要谨慎前行，又不必过度迟疑。

本书还将提到一些令人心血澎湃的应用场景，并初步提供具体实施方案。具体如何开展，还请看正文。

朱云涛

2022 年 2 月

目 录

前 言

第一章 元宇宙银行体系构建 001

一、基于有限的无限组合 002
二、虚拟货币的单向流动性及黑市交易 005
三、搭建 3D 银行场景 009
四、提供 4D 体验 028
五、超人思维体系构建 035
六、要素的全流通性 053
七、客户数据的分析与应用 060
八、元宇宙银行基础业务领域的变化 070
九、存款信托化 074
十、银行的泛化服务 076
十一、提供分级式金融稳定体系 081
十二、与新兴机构新兴职业的协同合作 093

十三、模式 + 质量 = 品牌 100
十四、共享存储功能 104
十五、虚拟人物属性和能量本位的货币体系 110
十六、分宇宙归属感和信用传导 113
十七、潜意识分析和表情相似度判断 115
十八、应对分宇宙主动通胀 117
十九、个人创造物的合法化认定 118
二十、个人变形技术的还原识别登记 121
二十一、时空可操作性及应对策略 124
二十二、元宇宙对现实世界银行体系的反向构建 125

第二章 元宇宙特征 127

一、真实的虚拟 128
二、真实的未来与不一样的过去 130
三、十维空间接入口 133
四、生物计算与元宇宙 135
五、能量——元宇宙的真正桥梁 139
六、知识文化的融合及创新 142
七、通用性与多变性 144

结束语 147

第一章

元宇宙
银行体系构建

一、基于有限的无限组合

元宇宙的有限分成两部分：一是基于有限的现实世界的衍生，因此或多或少会受到现实世界的限制，如果用一个扇面来形容元宇宙，那一开始拓展的肯定是从中心线向外发散的世界，这些限制可能来自方方面面，而且大多数是隐性的；二是各世界场景构建的基础架构规则的限制，元宇宙总还有其自有的设定。元宇宙的无限主要是指元宇宙本身的可能性是无限的，这种无限有时候源于现实，有时候与现实完全无关，有时候重新定义了现实。

元宇宙银行体系应该是连接有限和无限的主要节点。通过对元宇宙中资源、信用的现实化来确定元宇宙存在的基础及边界。凡是银行体系能触达的就是元宇宙，不能触达的称为混沌或无限之地。混沌之地应与其他分宇宙（本书所指分宇宙，均指某一个虚拟世界）建立严格的隔离体系，与现实世界也要作有限性影响评估和隔离。

银行系统的接入，对分宇宙的运营有一定要求。首先，空间和时间的稳定性，即使能操控时空，也至少要有迹可循，能够进行还原折算，同时对于空间内嵌套空间、非备案的局部时间操纵等行为要能够进行管理和控制；其次，具有完备的防黑客体系，即使黑客不能攻克银行体系，但如果具有攻克分宇宙管理体系的能力，一样会造成混乱；再次，分宇宙基础规则要相对恒定，且逻辑严密，未经政府或银行同意不得变更；最后，分宇宙管理者应与现实政府、银行等签订管理协议，确保履行相关义务与责任，并接受监督处罚。

在此基础上，银行再根据具体分宇宙情况详细明确一些准入要求及标准。当然，银行也需要承担一系列的责任，根据介入程度的不同分层定义，例如，对于介入比较深的分宇宙，需要负责提供全套金融稳定工具，以协助分宇宙管理者维护分宇宙金融体系的稳定。大多数分宇宙管理者并不具有金融体系管理方面的经验。

元宇宙的连接方式可分为以下三种。

（1）嵌入式，既适用于分宇宙规则及风格的同时，又遵循现实准则，与分宇宙内的所有个体接触；

（2）对于无限的外接式服务，即仅接收分宇宙提供的标准化信息，可以为专属的标准化，主要和分宇宙管理者接触；

（3）提供式，即分宇宙根据银行现实世界或其他分宇宙现有规则提供非专属的标准化数据，并获得相关服务。

三者接入难度不一，取决于分宇宙成熟度及银行介入策略。第一种方式涉及各分宇宙的虚拟银行场景的建设，需要自建独立的 3D 建模团队，并保持代码的独立性和保密性，因为涉及现实世界个人信息。嵌入式场景的建立需要对分宇宙十分了解，以避免引起分宇宙的虚幻感和不适感。第二种方式涉及标准化的接入模块设计。第三种方式则相对较为简单。

二、虚拟货币的单向流动性及黑市交易

分宇宙并不具有现实货币发行权，脱离主权的去中心化货币体系也并未被普遍认可，并且从目前来看，依然存在诸多问题。因此，从货币发行源头上看，现实世界和虚拟世界各自独立，短期内也很难会出现一种多源头发行的通用货币体系。从货币流通的角度看，分宇宙的虚拟货币只在分宇宙内有效，脱离了分宇宙体系，就只是一种虚拟计量单位。与现实货币兑换，本质上是由参与者通过现实货币向分宇宙管理者购买服务或虚拟物品的，买卖方向不可逆。如何使用自有货币是持币人的自由及权力（只要不涉及违法和违规），这

种权力随着实际交易的发生，也随着货币一起进行了转移。想要逆操作，则要取决于此时的货币持有者的自主意愿。因此，现实货币和虚拟世界货币的流通本质上还是在各自世界内的单向流动，只是在某些时候形成了镜像效应，即现实货币在现实世界的某一次流动，在虚拟世界中同步发生了逆向流动，这之间的关联由交易者通过其他渠道进行约定。

这一过程既可以是向分宇宙管理者购买虚拟货币，也可以向持有物品或能提供有价值服务的参与者购买。一旦购买对象为普通参与者，就变相形成了货币的双向流通。因为性质从 B2C 转变成了 P2P，买卖双方的角色性质趋同。今天的卖方可以随时变成明天的买方，从而变相实现了双向操作，形成地下黑市。

由于参与者之间的交易并不直接导致分宇宙货币总量的增加或减少，主要是转移，因此并不直接影响分宇宙通胀的控制，但单次不可逆的平行交易会导致市场稳定机制受到干扰，使得套利空间无法通过市场机制自我修复，从而引发一系列相关问题。

虚拟货币的黑市交易与现实货币的外汇黑市交易不同，现实货币汇兑黑市主要为了绕过资本项下的交易限制，有标准指导价作为基准，并且属于非法行为，受到政府管制。虚拟货币的黑市则缺乏定价标准及管制手段，有可能滋养盗号、汇率操纵、人身威胁、诈骗等不当行为，可能变相导致分宇宙货币体系的崩溃，或出现有组织的新型金融犯罪集团。任何涉及现实世界资产的交易，最终都无法绕开银行体系，回到真实货币后，只能通过具有结算牌照的银行机构进行交易，因此，不论相关银行是否参与了元宇宙银行体系建设，元宇宙所导致的这一系列问题最终会直接或间接地反映在银行反洗钱不利或涉黑涉恶等方面。

分宇宙通胀的控制总体上应该遵循系统新产生的货币和系统吸入的货币的一个大数平衡，与现实世界的通胀管理系统不完全相同。使用虚拟货币向管理者购买服务或者缴纳费用就是一个货币回收的过程；反之，系统基于参与者贡献提供货币就等价于现实央行印发货币。管理者制定的分宇宙运作体系在每笔直接交易时，都会导致总流通货币的增加或减少，货币总量的控制将是一个实时动态的过程。虚拟货币乘数效应会大幅减弱，而相对应的GDP计价也较为灵活，可根据需要及时调整基础物价水平及产出效率，不受生产力及物质供给约束，只会受到分宇宙对管理者参与力度的设计规则限制，物品实际价值缺乏客观参照依据，有可能会产生局部失控，并通过直接关联货币总量迅速扩大至全局，导致货币供给失衡。

金融体系构建注重完整性，在完整性基础上可以再进行分级，根据不同分宇宙需求，提供不同层级的完整金融体系：一级金融体系、二级金融体系等，等级越高的金融体系包含越多种类的金融功能。为支持更复杂的宇宙运作体系，分级制度既能有效匹配分宇宙实际需求，以模组化的形式降低设计运营成本，提高接入速度和安全性保障，也可以积极鼓励及尝试对于需要独创性的分宇宙货币金融体系的创新，由银行为主体与分宇宙管理者共同开发，共同维护，视情况纳入通用模块。

三、搭建3D银行场景

在元宇宙建设初期，由于并没有十分成熟的分宇宙可作为依托，可以先自行建立 3D 场景组件，类似于 3D 网上营业网点及办公场所，适当拓展社区非金融泛化服务，作为独立套件独立运行或嵌入场景。

1. 场景相较网页版无限大，更容易布局和设计

可以有多个不同风格的场景设计，包括布局方式、装修风格、功能区展示方式等，可以充满想象力。想象一下，一名游戏玩家进入银行后，看到游戏女主角在门口迎接，并给予了一张带有个人签名的肖像账户卡，谁又会拒绝使用呢？场景风格可以是属地真实场景，例如，可以将一家实体泰国建筑的装修及布局风格原样数字化复原，并将 NPC 全部设置为泰国人形象，语言采用泰式英语、中国语、法语等，这类场景有实物作为参照，易于构建。可以是动漫游戏风，正如

上文提到的游戏场景，这类场景有成熟3D场景及人物风格，可直接与开发者联合开发，或者直接将原半封闭场景进一步开放；或是虚幻的自建场景，灵感来源于某一本书、某一次梦境或仅是自我想象。可以是针对某些特殊节日的临时性场景，例如春节、万圣节或其他自定义节日；也可以是自然风光，例如，依托各旅游名胜景点，沿途设置各类功能点；还可以是科技感十足的战舰风格；等等。

根据地域环境不同，可以额外设置独特的在线功能场景，例如在免税天堂，设置一些专为离岸总部服务的功能区，提供全球税率计算及免税方案设计服务，在线提供全方位金融服务的同时，联动当地网点提供代收邮件等实体服务。在一些人迹罕至的地区，可选择增强信号功能区及紧急救援服务。例如为服务海上客户，专门开辟海上银行专区，提供航海知识、罗盘定位、海上救援、海盗预警、航线拥挤情况查询等服务。各地域特色既可以是某一个特殊的功能区域，也可以是整体的特殊设计。盈利模式是通过设置不同的客户等级（根据综合贡献），来解锁不同的功能和服务；也支持通过单次的购买（相对较为昂贵），来获得相应内容；对于信用等级高的客户，支持先使用后付费，以避免错过最佳营救时机等问题。

对于虚拟世界特色区域来说，可以和地域政策的不同处理方式相同，主要有以下三大区别。

（1）特色化可能更为特殊，需要根据与分宇宙嵌入等级来确定场景的特色化程度，而不仅是取决于其所需的特殊性；

（2）对于已建立虚拟货币兑换机制的分宇宙来说，能够支持虚拟货币的直接使用，后台结算；

（3）需提供的配套服务可能会更多，因为合作商不一定能及时跟进。

2. 场景内工作人员可以嵌入NPC、高级智脑或人工服务

NPC 的外观与内核驱动是能够分离及切换的，我们根据不同场景可以打造不同造型的 NPC。根据具体情境，设定不

同的内核，实时匹配及切换策略。例如，上文提到的游戏女主角，内核既可以是 NPC 高级智脑，也可以是不同风格的真人控制者，或是根据需要在几种不同智慧等级之间切换。如果顾客仅提出简单初级的问题，可以采用标准机械式的回答，例如，客户询问当天一年期存款的利率，并不需要十分复杂的思索就能准确地给出答案；当顾客提出略微复杂的问题时，切换至采用机器学习方式训练的智脑，以给出相对合理的答案（后文会具体提到超脑思维的构建方式）；根据需要，由后台预先培训的各种专业及风格的真人接替，比如出于主动营销需要、出于服务大客户需要、出于机器思维无法满足的需要、出于特色化场景的需要、出于对客户情感分析的策略调整等。

3. 场景风格更具有实景感及辨识度

虚拟世界银行体系的场景建设，不论是 3D 可视效果，还是 VR、AR 环境，都应以具有实景感为目标，提示人们真实的存在，以及给予可信任的安全感，让人能一眼就从虚幻的场景中看出这是一家具有严密控制体系的银行。在各类互动体验中，确保给予充分认证，但又有简洁高效的感觉，适当引入外部数字证书认证或唯一性标识等无法仿造的技术手段是一种很好的选择。在元宇宙中，模仿性的欺骗较为容易，形成鲜明的、较难模仿的唯一整体性视觉标识非常重要，也有利于管理者排查类似造假行为。

4. 可以更好地应用展示技术，例如，3D效果图

「对于外景的渲染」

我们进入银行场景后，就相当于进入了一个独立空间，可以有适当的外延场地，也可以有可见而不可及的外部景象。我们可以将外部环境设置为层层叠叠的沙丘，或是浩瀚无垠的星空，或是某个著名的历史事件的再现，在有限的外延空间中互动及体验，大部分空间可见不可及，但栩

栩如生。同时，在某些特定场景中，也可以有天气的选择，比如夜晚下雨、清晨刮风等，这些都十分容易实现。

「对于内景的装饰」

除了相对固定的场景装饰布置外，内部场景可以选择人声鼎沸、各大明星穿梭往来、动物肆行其中、处于失重状态等，使得场景的互动感及体验感更强。内景的大部分景象均应能够互动，即使是最简单的动作和语言。

「对于人物的深刻描画」

在某些场景中，由于建模总会有些许失真，或与顾客的记忆不甚相符，我们可以允许顾客选择时间暂停后，根据自己的喜好进行NPC展示效果调整。可以是弹出菜单式的调整，也可以让他们体验一把雕塑师的感觉。当然，要保存个性化创造物需要额外收费，以及注意敏感部位的规避。同时，允许客户随时改变自己的形象，但需要限制部分形象的功能只做展示用。例如，客户希望以机械战警的形象出现，则需要限制枪械的使用等。

「对产品的生动展示」

这是经营者们最津津乐道的事。比如，购买理财产品投资于某一项目，仅通过单调的介绍很难让客户有所感触，但通过提供 3D 图景展示，或直接切入相关场景中进行介绍，那份震撼感和实景感将会极大地促进客户的购买欲望。对于一些数据分析模型，通过 3D 动态展示及可操作方式，也能更好地诠释产品的内涵，给客户以不一样的感觉，总体上是认为更高级了，客户总是愿意为更高级的东西掏更多的钱。

通过嫁接人工智能预测模型，能更好地帮助客户进行选择。由于未来的不确定性和复杂性，工作人员很难在充分展示及不作定论之间进行平衡，通过固定算法，由客户自由操作的预测模型可以很好地规避这个问题，而且也能在很大程度上帮助客户进行更好的选择。顾客通常会选择具有更好的自主预测模型的银行。这些预测模型如果采用3D方式进行展示和操作，能便于客户更直观地使用。在虚拟世界中，凌空操作也完全不存在技术障碍，我们甚至可以想一些更酷的展现模式和操作方式。例如，让每个可操作点都变成小精灵，可以给出自身的操作特点介绍；或者让整套系统直接具有智能排列功能，只需下达简单指令，就可以完成全套操作，全程可手工调整过程参数；或者当客户完成一个更好的预测组合时，整套系统进入一个欢快的演奏形式来增加互动体验。随身系统小精灵的3D具象化就充满了想象力，能够灵活定制、外出携带。

5. 提供各类增值服务，通过单独设立房间或场景嵌入等方式实现

如果我们希望在虚拟世界的银行系统中操作股票账户，这是合理的需求，应该予以满足。考虑到证券公司可能暂未

进入该虚拟世界，或者不一定能在元宇宙中构建安全区域，我们可以在银行区域内为顾客专门打造一间高级炒股房，交易数据在线下与证券公司实时联通，并且配套相应工具和股票走势一览图，为顾客提供综合化跨领域的增值服务。除了收取一定的手续费，还能让客户体验银行极为便捷且具有吸引力的银证转账功能。

又如，我们希望在元宇宙中直接购买一些日常用品，考虑到不是每个分宇宙都会嵌入淘宝网，我们可以制造一间简单的网上无人超市，或者设置一个代买 NPC，负责接收信息后由后台统一处理，并与现实生活联动。顾客的住址对银行来说显然不是什么秘密，线下配送体系目前已经较为完善。当然，这里最重要的肯定是能与信用积分联动。

如果顾客想在元宇宙银行系统中直接看一场电影，那满足起来再简单不过了，只需要与一家视频提供商合作，即可提供全套服务。而银行直接向合作商收费即可。

银行也可以提供不同分世界之间的穿越功能。银行体系遍布整个元宇宙，因此在银行系统中，理论上能达到所有分宇宙，而无须退出后重新登录，也可以向顾客提供对尚未抵达过的世界的实时观察浏览服务。

对于交易商来说，如果在银行系统内有一块空间能进行P2P 交易，那显然比在广场上摆摊让人更有安全感和信任感。因为进入银行系统都会进行基本的个人信息识别登记（具体信息仅银行知晓），交易可追溯，有保障，而交易所对应的货币划付功能，不论是虚拟货币，还是现实货币，都正当其时、随手可得。

其他增值服务还有待探索，基于银行系统在元宇宙中不可替代的地位，其所依附的相关功能势必成为各分宇宙不可或缺且占比不小的一块完整且独立的内容。相关服务形成综合联动价值后，将提升整体竞争力。

6. 可以融入各类场景功能，如开门、开窗、音乐

固定场景的互动性也是值得研究的内容。在我们完全参悟能量之间实际的互动方式之前，可以对固定场景的一些物

品设置互动模式，包括 3D 模式下及 VR 模式下的实际表现，以使得场景更为真实。首先，肯定要求物品能够使用，例如，窗可以开关、门可以虚掩；其次，物品可以移动，即使位置相对固定，也是通过物理学的方式固定的，例如，椅子是被钉子钉在地板上，而不是与生俱来的；再次，物品在受到足够“外力”时，可以被任意改变形状，例如，叶子可以被刻字等；最后，逐步深入地解锁虚拟物品的各项属性，可以是现实世界属性，也可以是虚拟世界属性，例如，金属的形变、生锈等。但均需进行某些限制，以免在银行体系内造成不必要的麻烦，或直接导致 Bug 和漏洞。

7. 可个性化定制个人角色，包括外观属性、额外能力，如瞬间移动、隐身、变形等

个性化的设置通常需要付费，除了角色外观属性外，在元宇宙中还可以定制非常规的特殊属性或能力。场景会对这些能力产生一些限制，使其徒有其形，但仍然会非常吸引人。

额外的能力可以包括瞬间移动、隐身、变形、尺寸改变、凌空取物、抓人、让大家唱歌跳舞等。

对于不想被动参与这些互动的顾客，可以根据其要求将其屏蔽在另一层空间。由于这些表象和能力均是银行系统临时赋予的，因此，后台在识别客户的真实动作和意图时，很容易将其还原成真实的人物。从某种意义上说，你的隐形只是对你隐形，这可以看作一个参与度较广的游戏。当然，也能带来许多便捷，例如，瞬间移动功能，能大幅提高业务办理效率。凌空取物、抓人功能可以大幅提高服务效能及客户满意度。个性化角色定制兼具娱乐性、便捷性和收益性，而且能显著区别银行及其竞争对手，形成一种特色。

我们也可以允许顾客带入一些经评估可以表象化的虚拟世界的能力，例如，飞行能力、火焰能力（前提是在银行内部不会烧到任何具有实际价值的东西，只能和非关键物品互动），以避免过于现实统一，而缺乏分宇宙代入感。

在场景内，也可以与部分时装公司联动。允许客户在虚拟角色上穿上精心设计的各类虚拟时装，以更好地展现自我、参加银行组织的各种派对。只需收取一点点很少的费用，就能打扮得十分体面。

最昂贵的，却可能是现实的拟真，真实的面容、真实的身体，细微到毛发、精准到每一丝肌肉纤维的变化，都需要现实世界的额外扫描。至于表情，也许是最难作到实时复现的。由于需要现实设备的联动，往往比虚拟形象耗费更多精力。因此，如果在虚拟世界中看见一个普通人，那他肯定不普通。当然，真实的肖像数据需要设置一定的应用权限及防复制能力，不然可能会引发各类问题，仅保存在银行系统内相对比较安全。储存自己某一时期数字化的肖像数据也是很有纪念意义的。

8. 安全私密性相对实体店更容易得到保障

互联网打破了传统银行物理隔绝的天然屏障，虚拟世界银行更需要全面互联，这可能会带来一些安全方面的问题，需要一定的技术改造和投入。但同时，我们也应该看到积极的一面，虚拟世界在身份识别、个人安全私密性以及防范暴力等方面具有天然的优势。

客户在通过身份登录识别后，在虚拟世界中可以以任何形象对外展示，或者直接屏蔽可见。即使提取了大额现金，也无须担心被人知晓，或是出门被人跟踪，中了彩票而不敢领奖的情形将不复存在。而通过全套登录识别系统，例如，面部识别、瞳孔识别、指纹识别、声纹识别、人工口令确认等方式的综合应用，银行也能更好地识别用户身份，防止冒用、欺诈等风险，安全性也得到了进一步的提升。

银行系统与分宇宙相对独立，因此能较好地帮助用户在个人隐私及行动上与分宇宙管理者建立一道保护屏障，尤其是在实际资产信息方面。对于虚拟货币的交换，银行在后台与分宇宙管理者建立最小化的信息交换机制和严密的认证机制；对于虚拟物品的存储，需要及时进行状态更新，甚至建立起实时的状态联动；在银行区域内的相关操作，包括沟通、交流等信息，都不对分宇宙提供，以避免个人密码、资产情况通过交谈、手势而泄露；在银行虚拟会议室中的交流，也处于最高保密等级。

对于个人通过银行系统外的独立功能模块，例如，通过随身小精灵进行的资产操作，需要在具体操作时产生一个临时隐私空间，外部不可见、不可听。可以通过随时随地建立模糊空间的方式，在后台实际将角色传输至银行系统内，原地仅保留人物角色静态形象。但需要注意的是，不能造成时空的过度割裂，仅做有限模糊，让人有种能看但看不清的感觉，而不是一种生硬的空间撕裂。

9. 可根据客户要求为其定制VIP私人空间，并集成各种服务，从“逛”变为召唤服务

互联网经济的一个显著特征是从待客上门发展到精准触达，我们用手机就能完成购物、订票、看电影等一系列之前需要出门才能完成的事件，而元宇宙让这一切更进一步，我们完全可以直接召唤整个店铺到来，并提供包场服务。在允许异地空间加载的分宇宙领域，还能够提供随时随地的 VIP 空间召唤服务。

VIP 空间不一定是唯一不变的预设场景，重点在于空间的唯一性和集成性。例如，如果客户在海边度假时突然想办理结算业务，可以立刻在场景中召唤现金柜台，替换周遭原有情景，让人有身临其境的感觉；NPC 根据常见的柜台服务人员设定，也可以根据召唤时所处场景进行智能风格匹配，业务办理完成或客户临时终止，则随时还原周边场景；想办理贷款业务，立刻有琳琅满目的金融超市场景切换，或高级洽谈室切入；想看股票账户，马上切换至股市，还可以根据

客户需求提供咨询机器人、高级炒股伙伴交流、大厅浏览等服务；想看看海景放松一下，那也很简单，还可以线下配送一杯热茶形成 4D 服务，自动生成一个 AI 模拟机器人进行陪伴；如果需求较为复杂，可以联系后台工作人员，进行个性化定制，毕竟在虚拟环境中添加一些预置物件在瞬间就可以完成；想买个纪念品，可以召唤积分商城，调出地域个性化页面，提供当地特色商品供选择，并联系最近配送点直接送达。

如果客户想同时办理多项业务，或设计混合服务方案，需要不同领域专业人员同时提供意见，只需将代表不同业务领域具有典型风格的 NPC 集中出现，环境中集成一些必不可少的组件。当然，也可以切换至星级服务间，召唤高级人工服务，一站式完成所有业务。在 VIP 室中，可以在参与方同意的情况下，引入其他顾客，一起享受银行提供的各类服务及增值业务。

由于召唤空间的独立性，不局限于在银行安全群落范围内的金融集群，只要符合 VIP 室联合开发相关要求，可以放开至所有参与机构与参与者，完成的场景服务供客户选择。

对空间和场地的利用是此类业务的优势，但有时也会与分宇宙设立的规则有所冲突。例如，有些分宇宙强调现实空间感，不允许空间穿梭、折叠等情况的出现。这时可能需要将原先嵌套在同一空间中的各类场景展开并拼接在一起，各空间内容根据客户预先设定或根据经常开展的业务类型匹配。

VIP 召唤服务对可识别性和安全性来说，是一种全新的挑战，因为缺少地理位置、环境特征等显著的识别标志，有

可能会被不法分子利用，仿造类似的空间。即使在虚假环境中无法直接完成相关交易，但获取交易密码、掌握个人隐私信息等还是能够轻易实现的，以及可以在私密空间中通过催眠、心理暗示来对参与者进行影响，控制犯罪行为的发生等。因此，需要进行更高等级的安全防范和接入控制。

10. 在虚拟世界中办理现实银行业务

如果顾客仅需在虚拟世界中办理现实银行业务，并且对安全性要求相对较高，可以在虚拟世界银行体系中单独设立安全等级更高的区域，完全独立于分宇宙存在，并屏蔽与分宇宙的信息传递。此时，虚拟世界综合银行体系相当于一个跳转入口，可以联通至完全独立的银行系统，但场景风格、3D 建模技术、NPC、高级模型等原本就属于银行独有的功能组件仍可以通用，以免形成过度的撕裂感，当然也可以根据客户要求一并屏蔽。

四、提供4D体验

1. 提供线上线下融合服务

与线下快递、合作商等联动，配合线上场景，在线下同步提供实体服务，提供实景化的 4D 体验。在线上举办相关活动时，线下同步将相关商品和服务送至客户手中，达到无缝衔接。例如，非洲的 VIP 客户希望和银行高管洽谈一笔全球性的大生意，预约了品尝黄山毛峰及会后共享四川川菜。可以在线上提供会议所需的相关虚拟会议场地及配套服务，同时通过线下合作商的配送，让客户可以同步享受地道的中国茶叶和中国菜。

建立线下模拟场景，实现空间投射。可以在各参与者属地建立与网上 VIP 室布局完全相同的实体场景，采用虚拟投影、降临、VR 可视、AR 可视等方式实现线上线下一体会议，实体场景可以按需配套各类实体设备和物品，或部分用虚拟物品替代。可以视客户等级、参与方式意愿、愿意支付的费用等来灵活组合。实体店可以是临时搭建的，也可以是永久固定型的；可以仅提供模拟的关键物件，也可以是全套真实物品。

线下适当提供元宇宙存在感，实现虚拟世界对现实世界的反向构建，包括实体场地布局、网点人员装扮、特色活动等。可以适当配套 AR 眼镜，以降低装修成本，提供更具有元宇宙风格的特色组件。如果客户在分宇宙中表达出对某些商品或事物的喜好，也可以在线下组织实体体验，以弥补目前元宇宙中触觉、味觉、嗅觉的缺失。

元宇宙银行还可以提供全套线下生命保障服务，能在严格保护客户个人隐私信息的情况下保障其人身安全，及时根据监测到的情况呼叫警务、医疗等服务；定期根据客户选择由合作商提供食物、饮水、垃圾回收等生活保障服务；根据客户在元宇宙中的喜好、经常性参与的活动，提供线下特色服务，例如，专业潜水服租赁、高山救援服务。

线下提供线上映射服务有一个显而易见的好处，能更直接地刺激实体经济，更容易使虚拟世界中的服务或商品变现。客户在元宇宙中表现出的喜好或养成的习惯，有很大概率会带到线下，使相关映射服务得到延续。随着元宇宙的不断开发和拓展，此类业务种类可能也会快速发展。各类派对、活动组织提供商可能会将虚拟与现实融合的形式作为常态化标准服务内容，主场可以是在虚拟世界，也可以是在实体世界。在服务提供方式、参与范围、空间的重新布置、新技术的采用等方面，都会形成全新的变革，催生出新的产业链条。真作假时假亦真，当真真假假完全融合时，元宇宙就构建完成了。

2. 探索降临机制，更好地连接弱能量世界与强能量世界

降临机制主要是指通过虚拟世界控制实体世界的一种模式，可以将以弱能量为代表的虚拟世界，投射到强能量的实体世界。我们可以将这种空间穿越称为“降临”。作为一种全新的元宇宙生活方式，蕴含着巨大的商机，在开拓过程中也会遇到一些潜在的问题需要适当处置。

通过虚拟世界的桥接，目前已经能实现异地手术，由于设备价格仍然高昂，应用仅限于高端复杂的手术，但在精确度、实时性、人体连接程度方面都已经达到了比较高的水准。如果将模拟从双手转向整个人体，可视环境从患者转向全景视图，机械手臂转变为机械人或3D打印的肉身（也可以是非人类形态），而灵魂和思维则通过元宇宙实现穿越。当这一切愈发逼真的时候，几乎无法区别实际穿越和虚拟穿越。在同一时间，我们可以穿越至任何预定地点，以任何形态出现。

这一技术目前已被初步应用在远程驾驶、机械战场、遥控飞机等领域，但更多的是倾向于控制某一种设备来发挥其作用。未来可以更多地体现使用者的意志，在带给使用者更好的沉浸感的同时，外界也更多地感觉到实际控制人的意志，而不是一台被控制的有特殊用途的机械。

降临机制最主要的意义还不仅在于现实世界的穿越，而在于它作为一种虚拟世界对于现实世界的连通形式，可以独立存在，即网络智能的实体化。当人工智能愈发高级的时候，也可能使 NPC 直接降临。可以是初级 NPC，只会简单的问答和固定动作；可以是中级 NPC，可以根据一定规律与现实世界进行有限的互动；也可以将具有机械学习等略高级的思维模型降临，通过机械采集设备及与现实互动来加强学习等；还可以是不同 NPC 及人工降临的实时切换，主要根据使用场景的变化情况切换。

遍布全球各地的银行网点其实可以提供一些特殊的降临服务。在各网点保存维护通用型机器人时，输入和输出融为一体，根据需要切换使用模式，随时等候已签协议的顾客进行异地降临，并开展活动。输入和输出设备也可以标准化，适当调节骨架，设定任意两台同步即可完成降临（两地的地形不同，需要通过程序进行微调，可实现模拟上下楼等，不能简单地完全同步）。输出机器人机架还可以在腰部等地进行固定，以便于人在原地进行各种活动。同时，输出机架可以提供超过常人的一些功能，比如举起重物等。3D 打印技术也能瞬间完成真人头像或肢体表面的打印，以更好地模拟降临。

首先，降临机制的管理一开始势必要从严，需要由一个公信力较强的机构来引领并完善行业标准。防止被邪教、黑社会等组织用于非法活动，预防一系列道德伦理问题因未经有效论证而导致的轩然大波和文明倒退，防止因操作不当造成不必要的损害。即使造成损害，也应能有效追溯源头，排除风险隐患。

其次，降临机制需要遍布全国/全球的实体网点，每个网点都需要一定的面积以安放机器设备，需要有足够的启动资金来铺设这些设备及相应的管理模块，并能够持续升级和完善。

再次，相关机构需要有足够的安全防护能力和危机处置能力，以防止机器人被盗用，并造成社会危害。由于机械体天然具有的强大能力和可改装属性，以及被降临的机器人可能本身就具有某些特殊的能力，会造成不必要的破坏，或者成为“凶器”，网点的安全性应比照国家级安全设施建设。

最后，相关机构应将元宇宙及现实的综合应用作为后续重点拓展战略，使得该机制有持续完善的动力，而不仅是昙花一现。相关机构也需要有较强的盈利动机、与公众接触的能力和应用场景，并且这些应用场景并无其他更好的替代方式，以确保推广的动机与能力。

综上所述，银行业可能是最适合作为承载机构的部门。管理严密、安全等级极高、有足够的启动资金、中短期内都将致力于拓展元宇宙与数字化，应用场景也可以有很多遐想。到了后期逐步完善之后，银行完全可以成为降临机制的主要服务提供商，试想机器人采用生物计算机体能直连脑神经网络、3D 打印机能完美复现本人或指定人物，活动范围可以扩大到银行以外的区域（仍需接受银行监控），机体还具有一些可定制的超人能力和计算能力，能用于完成各种特殊任务，降临机制甚至有可能成为一种广义上的生活必需品。这一切不再遥远，或者说已经近在咫尺，而先到者将能获得领先优势。

五、超人思维体系构建

在元宇宙中，最重要的一环就是构建具有高级智能的NPC了，下面我们就简单介绍构建高级人工智能的方法。人工智能的构建全世界已经有多种尝试，并有许多成熟产品出现，关于目前是否已经出现自主意识也已经有了争论。本书介绍的，是基于生物进化体系构建的一种全新的人工智能模型，符合人类成长规律和自然演化规律，是一种全新的探索。

生命体具有学习、提炼、重建、创新、泛化以及一些我们尚不掌握的进化体系。智能化就是模拟生命体的这些特征，通过模型构建在机械体上模拟实现。超人思维体系是指在达到智能化的基础上，通过机器算力、储存力、无限生命力、迭代可控等优势，使得智能模型具有超越人类的思维能力。

超人思维体系构建的大体逻辑如下。

1. 学习能力

为模拟这一特征，我们先得探讨目前的人工智能体系。人工智能体系可以大致分为逻辑推导型和观察学习型，例如，人工神经网络、决策树、随机森林等算法大体上属于逻辑推导型算法，蚁群聚类、鸟群算法、网络爬虫等随机算法大体上可归纳为观察学习型。它们之间的最大区别在于，起点和终点间的逻辑关系的确立。逻辑推导型一般认为，通过模糊算法及结果调优机制，可以在任何环境下反向推导出一套类似于黑箱的逻辑，并能够很好地作用于后续预判。

这方面主要存在以下问题。

一是在较复杂场景下，对单一算法赋予了过多的逻辑承载，导致算法实际失效或仅表面有效；

二是起点和终点的不当选择，两者之间不一定存在必然关系，可能导致学习无效；

三是参数数量制约了可适应环境，过多的参数和过少的参数的拟合，目前的算法都无法有效处理；

四是机器语言的发展程度制约，比如，把一只猩猩放在图书馆里学习，时间再久也不可能有任何突破，因为缺乏基本的语言体系；

五是智能化发展方向和方式过于单一，一条道路走到底，生物性的多样化、灵活化等特征均无法反映，并且不具备进化前景。

但是，逻辑推导型算法并不是一无是处，恰恰相反，这是一种专属于高级生命体的思维模式模拟。

相对而言，观察学习型的智能模式更符合当前智能化发展阶段。首先，它模拟了简单生命或婴儿的学习方式，通过观察或体验得到结论，之间并没有任何推理存在，没有反而是一种全包含式的有，并且起点和终点不固定，适用性广泛。其次，后续可以进一步模拟幼儿、少年、青年等阶段的人工智能模式，符合生物进化理论等优点。我们先对上述逻辑型算法在当前阶段存在的问题进行比对，再进一步阐述该算法可达成的生命体特征。

对算法拟合逻辑要求过高的问题，一是这里只有没有逻辑的逻辑，因此不需要拟合逻辑；二是起点和终点不确定的问题，观察学习型算法终点实际非人为规定；三是能通过相似度算法解决参数间权重问题，能很好地解决参数过多或过少的问题；四是该算法符合初级智能化发展特征，即婴儿学习方式，所受制约明显变小；五是能很好地支持各类生物特征的后续发展，进化前景可完全模拟人类智能，符合生命进化特征。

因此，当前阶段，采用观察学习型智能算法，可以较为有效地构建智能化模型，也能很好地克服逻辑推导型算法的各种障碍和问题。

观察型训练应注意近期事件、久远事件、总体平均事件之间设置不同的权重，以便于后续重建算法的实现。观察型训练的相似性算法，应注意使用多样化的数学处理方式，对隐性特征进行放大、抽取，以提高模型的有效性。

2. 提炼

如果说观察型学习法是婴儿阶段的主要思维方式，那进入小学阶段，人类又是如何学习的？机器该如何模仿？我们不妨来回顾一下小时候出现过的以下场景。

（1）每天起床后，父母带我们去幼儿园，叫老师好。

（2）吃饭的时候到处乱跑，被父母呵斥。

以上场景代表了以下三种幼儿学习方式。

（1）经常发生的动作固化为规则（每天上幼儿园）；

（2）规则在相似群体之间转移（父母和老师，注：这里不是事件的转移，而是规则的转移）；

（3）有结果评判的动作被固化为规则。

因此，机器也可以从上述三种学习方式中进行进化升级，从而从简单的观察学习法，升级到能自我提炼规则的阶段。具体来说:（1）对原先随机的 x 和 y 集之间，根据相似性轨迹最近或总体发生的频次，形成一层额外的 x 和 y 联系，使事件映射时不仅限于真实事件，也会映射至额外联系事件，并在一定程度上设置优先级;（2）对已提炼的规则，根据 x 或 y 与其他 x 或 y 之间的相似度，进行有限的泛化，形成更多的 x 集和 y 集之间的联系;（3）对于有判断事件，在发生一定频次后，形成固化规则，并适用于（2）中的有限泛化。

自动提炼规则可尝试形成成体系的决策树。

当我们尚不知晓哪些参数是规则的主要组成部分，即因样本量太小无法完全去除噪声的时候，可以对有结果评判的相似度路径进行重复性提纯。假设我们通过上述提炼方法已经知道通过 ABC 能得到 D，以及通过 ABE、ABV、ABX 也能得到 D，我们大致可以得到 AB 就能得到 D 的结论。这类的提纯有时候是无意义的，但有时也能揭示事物发展的关键点，要进一步明确是哪一种，可能需要更多的样本进行训练。在一些具有严密推导性逻辑的事件中，我们可以通过列举法来得到更多的样本，但对于相对复杂的实际事件，只能通过不断的积累来收集样本。同样，经提纯后认定有效的规则，也还是需要通过后续样本的不断更新进行迭代学习的，确保提纯规则的有效性和变迁性。这些训练模型既要互相联动，又要独立运行，防止相互干扰。

对提炼规则提纯后，得到的新的逻辑（AB → D），加入整体决策树中，可能会导致不一样的判断结果，因为会形成更短、更有效的决策路径。这也是机器智能上升一个台阶的体现。

3. 重建

生物是具有可塑性的，有研究指出，即使是最基本的世界观，在发生三次重大变故后，也会发生彻底转变。同样，观察型学习法及其提炼的规则也应具有不断适应新环境的能力。

一是机器学习本身就具有一定的自我学习能力，通过不断输入新的 x，以及对 y 进行事后效验，来调优相似性算法及提炼的规则。二是通过对最初事件 30%、最近事件 40%、总体平均 30% 事件设置不同权重后，形成快速推翻机制，符合直观印象定律。三是对事后 y 判断准确性，设置参数权重值。例如，家长表示否，则为 1，姐姐表示否，则为 0.5 等，具体判断规则可后续设立额外辅助组件，一开始先形成简单的粗框架，相关权重值在相似性判断、规则提炼等逻辑中应用，形成另一维度的快速重建机制。四是对初步泛化规则进行单独标识，并对其中泛化提炼规则定期重跑，如不再符合则该泛化逻辑失效。例如，父母与老师在带孩子方面的泛化，如果老师转业了，则该泛化取消。

生物的可塑性还体现在长期进化方面，达尔文的进化论是一个很好的例证，相关思想已初步体现在机器学习中，但进化论对以下三点仍然未能进行有效解答：（1）长颈鹿为什么在几百万年的时间里，一直只长脖子，为什么生活在同一区域中的动物都按各自方向进化而不是趋向于同一物种，物种进化的多样性、专一性如何通过进化论解释。（2）在稳定的环境下，为什么生物还会产生不特定的突发变异，并且有时这种突发性变异直接改变了种群的存在，例如香蕉原来是不太好吃的，但某一棵香蕉树变异后，变得又香又糯软，现在全世界的香蕉树都是这棵树的分身。同时，有一些变异也是不成功的，很快就会由于个体的消亡而消亡。（3）思维、本能甚至恐惧等情感之类的临时性的事件是如何遗传及进化的，DNA 能规范细胞的生长方向，但对于生物的应激性反应，似乎并不能很好地记忆，而动物本能也较难翻译成 DNA

语言。在生物智能构建中，我们也需要对上述情况进行模拟，以确保进化的多样性及试错性。针对第一点，我们在机器学习时，采取定向学习的模式，即一种外部参数的变化的迭代学习只影响一部分固定函数的参数的同趋势性变更，或者对一套模型设定几种不同的训练方向，分别设置不同的学习参数函数选择，以形成多样化而非单一的结果，这也符合守恒定律，有利必有弊，过于单一的模型进化不可能进化至完美，需要多样化进行补充。针对第二点，算法本身实现无外部数据的自发迭代，即自我判断有意义的升级或无规律单点升级后，并根据自动实际结果验证决定是否维持变异，可以通过外界调试函数的方式自动化实现，随机改变部分参数或逻辑，并根据历史数据或最新数据判断有效性，有效则保留或进一步变更该部分参数或逻辑，无效则该方向暂时中止，保留实验数据。针对第三点，机械生命可能具有先天的优势，因为机械生命体不会死，遗传的问题可以不用考虑，但如何通过 DNA 这一类的原型来记录本能，依然是值得研究的，这可能引发生物智能的最底层逻辑的发展。

4. 创新

机械体一直以呆板、固化为典型特征，大部分影视作品中，机械体的自发创新主要源自电路短路或者一杯意外泼洒的咖啡，而生物体的创新则一直为人们津津乐道，灵光一闪、超我意识、悟道，一直是高级生命体的典型特征。但作者认为，这些特征，即创新（无中生有）也是可以通过机械来模拟的。创新的本质依然来源于生活，但高于生活，无中生有的“无”依然来自“有”。因此，对于机械生命来说，大致有四种操作模式:（1）对提炼后规则的进一步提炼或组合，形成新的规则;（2）当找不到合适规则或实例时，逐步放宽相似度;（3）对规则的随机性改变;（4）逆转 x、y，通过反向推理实现规则创新。

（1）、（3）都需要额外设置创新组件，（2）只需在模型中设置参数自我放松机制即可，（4）需要将模型反转。

机械创新规则设立后，将引发人类科技的另一次飞跃，因为机械的创新可能在部分高端领域尚不能达到高级生物特征，例如，高级数学理论的推导、量子物理学的探究，但具有全覆盖的无死角创新特征，能将人类的基础创新速度以极快的速度推进，并变相支持高端科技的发展。高端理论的推导，可能需要将上述（4）中的反转模型进行迭代化构建，可以正向构建，即提出虚拟任务、满足，再次提出虚拟任务；也可以逆向构建，即提出虚拟任务，满足部分，变更虚拟任务，满足部分的方式，满足的方式可以参考（1）、（2）、（3）。

5. 泛化

通过在相似度算法中，不断补充算法及函数，来实现更广泛的支持度。超人思维体系构建后，基本能支持所有银行涉及的业务种类。尤其在精细化管理及风险预判等原来比较薄弱的领域。能不断替代原先需要丰富经验、经历了各种专业培训的银行家所作出的决断，并且逐步超越，而且在误判率、不受外部影响的独立判断性、摒除历史经验所带来的负面作用等方面具有天生优势。

6. 机器灵魂

由于机械思维具有极强的可复制性，以及对大量数据的接纳能力，通常我们总认为机械思维是唯一的，即使不唯一，也可以进行简单合并后形成一个更强大的唯一。

大一统的思维在某些领域的判断，反而不如专而精的思维来得更有效、更有针对性。而具体到元宇宙，我们所能得到的信息或者说可用来训练的数据集又上升了一个层级。如此大而庞杂的数据所训练出的机器思维，面对一些具体问题时可能会无所适从。因为从广义上说，任何一件事情都有正反两面，对于一个无限的宇宙来说，并没有对错之分。普适性的机器人在面临任何选择的时候，都会因概率相等或数据信息过于庞杂而宕机。因此，集中一些特定领域的数据来进行合适性训练，产生独特的机器思维就十分必要。

这时我们不得不联想到灵魂，灵魂使我们每一个个体如此特殊，即使上升到虚拟人物，依然能清晰地识别谁是谁。

导致这种特殊性除了物理载体上的差异性，最重要的就是我们的经历与从经历中自发提炼的行事准则在起作用，在成长一段时间后，我们就成了独一无二的个体。这并不一定就是灵魂，但至少具有了灵魂的表象。在元宇宙中，我们可以复现这一过程，通过设定机器学习的偏好，来替代个体性格天生的差异性。例如，此类机器人对于音乐类知识会尽可能多地学习，在判断时更多地依赖新数据而不是过往数据，更容易推翻已形成的思维惯性，更喜欢哺乳动物等。

有四种给予特殊性的方式。

第一种是有针对性的喂养，即为了达到某一明确目的，而进行有选择的机器学习。例如，我们在元宇宙中需要一名精通律法的 NPC，我们就将所有典籍输入进行学习，前文也提到过如何让机器思维具有创造能力，这里就不再累述。

第二种是散养，可以完全开放式的散养，将某一初步设定的 NPC 置于某个环境中，赋予其任意学习的权利，我们给予其基本的思维架构，由其自行培养出灵魂。这一方法的探索意义较大，因为迄今为止尚不能完全解析需要在一开始赋予何种思维架构才能形成一个完整的思维胚胎，同时对结果也无法预测。

第三种是引导式，引导式有点类似于第一种和第二种的合体，但并不局限于某一方面的专精，而是多方面培养。正如培养一个人类儿童，但我们仍然不确定是否已经完全掌握了灵魂的本质，是否可以用人类的培养方式成功培养机器灵魂。

第四种是寄生式，是一种更容易操作的方式，让一个机器思维无感附着于某一个元宇宙参与者上，见其所见，感其所感，行其所行，这样能更有助于培育个性化的灵魂思维。失去了生物激素作用，情感方面的学习可能会无所依托，只得其形，但在其他方面并无明显障碍，也可以通过简单的问答形式更好地学习附着者的意图。这样就能快速且稳定地培养出一个个独特的机器灵魂，这些机器灵魂还有一层价值，它可以作为随身机器助理提供记忆回放等功能，以及帮助宿主变相实现了永存。这种以个人经历为学习数据的训练方式，也可以采用历史数据进行快速学习，但个人印记太明显也是这种学习方式的缺点之一。人类的思维底层是嫁接于人类大脑上的，底层协议与计算机有本质不同，在破获这两种不同的转移之前，我们可能无法实现脑部直接连通计算机进行计算，或者直接进行思维转移达到永生（当然，我们也可以直接把大脑放在培养皿中连上电极来尝试接入网络，变相实现信号传递，或者致力于生物计算机的制造，一旦联通，就能实现转生，因为底层架构相同，前提是新制造的生物计算机本身未启动自身思维）。训练一个完全符合自己“品位”，又具有无限计算能力和记忆能力的机器灵魂助理，能大幅提升办事效率和生活满意度。

通过这些方式，我们能在元宇宙中形成一个个鲜明的机器思维个体，从一定意义上说，它们具有机械灵魂，从而使元宇宙前所未有地丰富起来。要进一步激励这些机械灵魂的前进，我们则需要设置一定的奖励目标和惩罚机制。这一机制可能会十分复杂，正如人类既要追求眼前的愉悦，又要追求长远的生存；既要追求身边的认可，又要追求社会广泛性的认同。当两者存在一定矛盾时，就要变通解决或者进行取舍，从而衍生出社会百态。而人类的奖惩机制也相对丰富，有五感六觉、各类激素导致的感受、生存本能的驱使等。机械思维除了自我毁灭或者给予一定的虚拟货币奖励，奖惩激励领域尚处于空白。

人类的生老病死、喜怒哀乐促使人类社会向着既定的方向发展，有一些生物逻辑是人类所不知晓或无法解析改变的，但在生命诞生时就已被赋予，并通过激励手段予以督促实现。可以说，全人类在底层逻辑构建的基础上具有一个广泛意义上的统一目标，并且有实时且完善的激励机制确保步调一致，这一意志是否能延续到元宇宙中，怎样使机械思维底层逻辑构建简约而严密地与人类目标一致，执行过程中生动而不生硬，自发激励多过外部修正，是需要对机械生命规则进行更详尽的规则设置和奖惩激励机制的，而不仅仅是机械生存三条（第一定律：机器人不得伤害人类个体，或者目睹人类个体遭受危险而袖手旁观；第二定律：机器人必须服从人给予它的命令，当该命令与第一定律冲突时例外；第三定律：机器人在不违反第一、第二定律的情况下要尽可能保护自己的生存）。机械生存三条已经在实践中被证明完全不起作用。

7. 质变

超人思维体系将成为元宇宙银行体系内高级 NPC 的智脑，并且可以通过降临机制实现实体化。通过本书提到的机器灵魂培养训练方式，可以进一步提升思维体系的构建。

这里又不得不提出一个新的命题：机器人属于人吗？如果完全按照人类习惯培养出的机器人，可以算是一种人类的话，只需要在现行法律规范体系内进行管理。如果认为机器人或者人机结合体具有超出常人的能力，就不能算作人类的话，那实际上阻碍了人类的发展，扼杀了文明进步的奇点。就好比拿了棍子的人就一定要当作异类处理的话，那我们现在还在大草原上饮血茹毛。当文明进入奇点时，历史上通常会伴随着革命及牺牲。时至今日，人类已经不需要战争来意识到进步的必要性和落后的可怕性，不会因为固守于愚昧无知而导致无谓的牺牲，时代拥抱科技进步的步伐加快，我们应该克服面对未知时的筹措和迟疑，防止极端主义和恐惧心理的滋生。

六、要素的全流通性

元宇宙所带来的新兴商业领域中，全人类共同体一直是根本性的设定，元宇宙对异世界生命、多次元文化、奇观异景的包容接纳能力，对想象力的释放、对创新的追求都在无时无刻地破除各种对生产力的阻隔，不断构建出能跨越式提升生产效率的全新运作模式。国别、地域、机构等传统意义上的要素流通阻隔将变得薄弱，语言、文化、种族的阻隔在元宇宙中将失去辨识的根基，关键生产要素和竞争壁垒将被重新定义。生产方式的整体变革可能还需要时间的积累，但具体到微观层面，一个企业或一个个人所处的小世界中，新的生产生活方式和要素的全流通性所带来的改变会是十分迅捷和彻底的。

元宇宙中，要素的构建不再仅以第三方社会法人为标准，而转为以用户账户角色定制为主要标准，将精准化定制的内涵进一步扩展至生产要素的各个阶段，从一定意义上实现了以个体/团体为单位，以满足单一单位所有个性化需求为主要目的的全要素流通，我们称之为个体定制产业链。每个人都可以活在专门为自己定制的世界里，同时享受规模化的成本价格。单一的个体定制产业链可能不经济，但批量化的个体产业链叠加后，就能形成规模效应。而及时收集和定制单一个体不断变化的喜好和全方位需求，第一时间或根据预演结果提前分配至生产及原材料供应体系，实时根据所有个体定制产业链的变化调整全球生产及原材料供应，用最小成本和最优算法提供最贴心、最优质的服务，正是元宇宙所最擅长的。

我国有句话非常流行，叫作“要致富、先修路”，修路的意义就是能加快生产要素、产品人才的流通。在个人分宇宙账户层面形成个体定制产业链，并且利用元宇宙时间模拟、空间错配等特殊属性，形成一种近乎零障碍的要素流通和分配体系。在生产领域，全要素流通的提高能更好地提高全球资源分配能力，优化生产布局。在金融领域，全要素流通能带来更深层次的变革。

对银行而言，作为资金流的主要提供方，元宇宙所带来的各类变革都会对银行业务产生影响，除了适时地进行配套改革，还可以在以下方面进行主动变革。

在现实世界中，充分发挥全牌照优势，在元宇宙中将各类业务的入口完全打通，配套线下一体化服务，做到独立风控的前提下发挥集团化优势。对于尚不能开展的业务进行多层次的合作，整合线下要素资源，为客户提供一站式服务。配合线上虚拟资源的整合，最终实现线上客户感知端的要素一体化及无障碍办理。例如，在研发型宇宙中，研究人员对于已经录入系统的各类成果和实验数据、项目立项或选题、融资资金方案的挑选及到账、未开展成果线下同步或异步模拟、研究成果线上线下同步推广方案、关联合作方一键式触达、VIP 全球研讨会随时召开、高级智能服务按需申请、模拟实验、上市筹资、信托立项等服务，均能触手可及、指令化操作并行之有效，能大量节约研究人员的精力，并大幅提升对研究能力支持，包括资金支持、配套合作商支持、智脑支持、各类已有成果支持等。分宇宙的相关研究效率及产出，源于要素的全流通性，会得到大幅提升。

在跨国业务领域中，可以尝试在元宇宙中建立虚拟跨国银行体系，探索以虚拟货币为连接体或模拟体的财务管理体系，最终以数字人民币为实际载体在线下打通境内外一体化财务服务，并提供额外的全球汇率、融资、投资、上市、市场环境评估等集成服务。基于数字人民币构建一个崭新的、集各类财务管理功能于一体的支持跨国交易的完善的虚拟银行体系，将网上银行的定义上升到一个全新的高度。例如，数字人民币体系暂不支持账户内直接购汇，但境外客户又希望能规避汇率风险，那完全可以通过虚拟银行体系提供人民币与相关货币的虚拟掉期业务，或者虚拟货币实时买卖（虚拟货币日终可与数字人民币 1:1 轧差，日间不可兑换），客户通过虚拟财务管理体系所得，在日终由银行通过数字人民币进行结算（也可根据个性化定制改变结算规则）。虚拟账户的交易一定程度上还给了后台监测交易背景的缓冲时间，如果发现洗钱行为或其他不当交易，可以在结算实际发生前进行终止；同时最终统一以数字人民币实际结算，能有效规避人民币国际自由兑换的限制，以及对于实际汇率市场的影响，客户相关所得可以按虚拟物品交易计入营业收入，从而规避了各国关于金融业务开展牌照、展业资格、国家规定费用、资金流出税等问题。

一定程度上来看，国外客户通过虚拟银行体系与数字人民币结算体系开展的一系列基于国内市场的虚拟财务管理活动，并最终兑现为数字人民币的行为，等同于其在国内直接进行相关操作。同理，国内用户通过该渠道进行的国外市场相关操作也可通过虚拟银行交易体系来与国外市场挂钩；虚拟银行体系也可以模拟任何市场的实际运行情况，以及可以同时模拟全球市场的运行情况，并最终兑换为数字人民币损益，实际等同于通过数字人民币单一账户进行全球财务管理对冲活动。相关的应用还有许多值得拓展的地方，比如开展贷款等银行出资业务，线下银行完全可以作为虚拟银行的使用方，而不仅仅是支持方；用于跨国交易，通过虚拟银行体系开展原先线下各类银行国际业务后联动买卖双方数字人民币账户进行轧差，可以缓和新的银行间通信体系及数字账户复杂功能的建立要求。由于此类体系尚未有实际案例，目前运行的主要是模拟炒股等学习类软件，与完善的虚拟银行体系建立及元宇宙的要素全流通优势融入还有一定差距，并可能面临国内外政策的针对性变更导致业务叫停或利好，可以稳步进行尝试探索，以特定产品体系作为突破口。

在 RCEP（区域全面经济伙伴关系协定）等自由贸易区，元宇宙作为要素全流通的枢纽也具有相当潜力。一是能解决信息的不透明性，由于买卖方属于不同国家，法律环境、语言、信用记录、市场环境、第三方信息服务的地域性导致了内贸与外贸在信息服务上的天然隔阂，元宇宙具有整合应用各方信息的潜在能力。在信息层面上融合整个市场环境，形成国际大数据服务平台。二是能构建交易平台，便于客户营销、拓展、谈判、调研，形成永不落幕的跨国企业交流会。三是能形成交易全流程管理平台，通过区块链、物联网、影像记录、海关联动等功能的组合，提供跨国贸易中对交易的全流程实时跟踪监控，实现紧密的事中控制。四是能形成自由贸易区产业优化方案，不局限于单笔交易的免税或降低生产成本，而是形成区域内整体生产、销售、采购、物流、税盾、融资等综合解决方案，实现自贸区域内产业要素配置最优解决方案，由服务平台整合后直接向相关企业发布，在提升自贸区内整体产业竞争力的同时，帮助产业链上的单个企业更好地经营。五是能形成自贸区内企业网上经营的整体生态群落，企业高级管理层可以通过元宇宙实现全套经营及决策流程，并能实现相互间的有效联通，能进行全方位的实时监控和分析，构建位于元宇宙的企业经营上层建筑群，通过元宇宙整合 RCEP 区域内的各项要素，从而发挥出自贸区产业价值最大化优势，最终形成内外贸一体化。

七、客户数据的分析与应用

元宇宙中，所获取的可直接分析的数据在种类、范围、数量上都会有跨越式的变化，在增值服务较多、泛化业务较广泛的分宇宙，可能还会涉及更多的业务数据。因为元宇宙本身就是由数字构成的，所以略去了信息数字化及收集的过程，信息的透明性将被重新定义，不过信息仍然具有隔离要求和保密性要求。已经能够支持超大模型的建立及应用，囊括一切的超级思维体系需要提前布局，并及时开展培育或训练工作。

信息的透明性还体现在通过分宇宙与现实世界关联后，进一步打通元宇宙信息的整体关联。由于与现实世界的关联信息是属于第一层机密（可能涉及现实世界参与者的人身安全），因此，各分宇宙之间的关键信息是银行等少数机构才能获得的，而且不能出售或共享。信用是否需要传递仍需探讨，但个人信息拼图已不再割裂或片段化。针对元宇宙整体信息的建模（包括现实世界）既是最终方向，也可能会是起点，因为目前元宇宙发展的每个阶段都是紧密与现实世界关联及全方位打通的。在元宇宙设立之初，由于元宇宙基础框架设立得不完善，使得评估者通常会采取谨慎的态度，能够传递的信用风险信息一般会被完全应用到整体信用风险评估中，权重系数的精细化处理也会较为谨慎。

信息的透明性将导致信息分类体系的重构。20 世纪信息的爆炸源于互联网的诞生，但时至今日，人们尚未能完全厘清大数据在现实世界中的应用，而元宇宙的信息量几乎呈现了量子级的增长，对于信息分类体系提出了更高的挑战。例如，我们分析一个人的属性，最基本的是身高、体重、年龄、性别等特征；大数据时代，还会加上历史身高变化、历史体重变化、同龄人身高体重参考值、建议衣服尺码、适合参加的运动等信息；而进入元宇宙时代，虚拟人物的一切都将需要进行信息分类，在某一个时间片段，虚拟人物身上的具体每一个部位分别处于分宇宙的三维坐标点数据、下一刻可能处的位置、状态变化的速度矢量等信息就足以颠覆目前的信息分类体系。

信息的拒止能力将会被重新设计。为防止数据量爆炸（包括黑客的恶意轰炸），以及万物归一的情况发生，元宇宙应该从一开始就设置数据拒止能力，个体（包括 NPC）可以拒绝接收任何信息，以确保个体的独立性及信息运转的流畅性，并且给予这种能力相当程度的保障，因为一旦壁垒被突破，基本就意味着元宇宙个体不可逆地泯灭或归一。在某个分宇宙的可能分支中，元宇宙最初人类的思维可能已经完全协同，万物归一，其余个体可能都是为排解寂寞刻意创造的新的思维载体。这时候我们不得不怀疑，为什么星座理论会如此准确且流行，这些性格偏向是不是从出生那一刻就被刻意归类，以确保世界足够丰富。

不论来源，不同个体的存在是十分有必要的，丰富的世界才能创造出思想的火花，百家争鸣，且不同个体在不同时期处于不同的发展阶段，这才使得时间具有意义。同时，个体在发展时，会自我总结运行规律，会无关联地拓展一些思维逻辑，这些运行规律及其组合是独特的，对构建整个元宇宙的规则体系都具有正面的作用。

在元宇宙中，相关数据分析会涉及行为学、语言学、心理学、地域文化学、社会学等各领域，分析范畴会较现有的数据分析大幅拓展，并且能够跨宇宙对客户数据进行综合分析。

对客户数据的分析模型，可以用于多个方面。

（1）营销方案制定，通过对顾客的综合分析，来挖掘客户各类潜在的业务机会，并制定个性化的营销方案。

直接分析，对客户整体资产负债情况、过往业务办理情况来判断业务办理需求，例如，活期存款较多的客户可以适当推荐理财产品等。

侧面分析，通过了解客户的喜好来促进业务拓展。例如，经常穿着华丽但当前资产较少的顾客可以给予消费贷款额度，以近期贷款有折扣为营销亮点；经常喜欢装扮成恐龙的顾客可以通过赠送各地博物馆券、增加恐龙装饰等方式增强归属感；活动轨迹相对较少的客户可以推荐“抓取”的特殊能力；喜欢体验场景外景色的顾客可以以线下旅游、更开放的场景布置作为激励来促进消费；等等。

现场营销及接待策略分析，通过分析客户表情、语气、行为特征，了解客户当前感情状态，配套相应的NPC类型和接待方案。例如，客户比较内向，就配套活泼开朗型，营销方式以引导体验为主；客户比较外向，就配套乖巧型，满意后再推荐一些小产品；客户对新产品使用有障碍，就配套细致耐心型，多介绍理财产品；客户喜欢高科技，就配套AI高级智能客服，增强科技体验；客户交谈吞吞吐吐的，就添加反欺诈识别模型，确保业务合规办理；等等。

同时，实时监测客户满意度及交流情况，适时更换服务类型与风格，或提供分析更新后的营销方案，来确保达到满意度最大化的效果。例如，在交谈过程中，客户提到要投资一些项目，后台立刻进行实时分析匹配后，推荐适合客户资产类型风险偏好的可选项目、接入对投资项目熟悉的客服；如果通过监测发现客户情绪有所恶化，就进行策略重新分析以匹配或更换高级客户服务人员，后续针对客户不满意发生的时点进行情景回溯分析，以适时纠正模型策略；对于涉及多方面需求的客户，可以提供多名工作人员协同服务；对于高等级客户，可以提供专属工作人员降临的功能，也可以直接附身小精灵，或采用定制空间直接投射的方式。

对于已经配套有随身小精灵的客户，应注意第一时间与小精灵数据进行同步，并进行配套模型分析。

如果顾客是公司客户，配套模型需要另行设计及建立。与银行现有对公业务模型更为接近，配套一些场景信息作为辅助。例如，在营销公司客户时，双方利用 3D 实景展示效果能更好地进行业务沟通，而不仅限于 PPT 展示，并能支持一些额外的辅助功能。例如，跨国实体会议、多国汇率换算、全球融资方案设计、财务策略建议、税盾计算等，也可以提供一些全球市场情况咨询。如果是跨多分宇宙的公司，可以提供分宇宙情况咨询，或实景查看等服务。

在分析模型及策略选择模型成熟前可多配套人工服务，并采集训练数据，相对成熟后，可以尝试对重要等级一般的客户以 AI 为首次接待“人员”，或由随身小精灵直接扮演银行引导人员的角色。可以由 AI 执行一些固定性动作，例如，理财产品到期后自动根据客户偏好推荐续购、贷款到期后直接划账归还等。

（2）衍生服务商的联邦学习模型。

在嵌入式场景中，或者在银行泛化服务社区，可以基于用户数据与配套服务商建立联邦学习模型，在不泄露客户隐私的情况下，适时提供客户所综合反映出的产品及服务需求，并综合评判授信额度，控制整体风险。

跨界联合经营中，哪方获得最大的利益分成取决于对顾客的核心吸引力，简而言之，谁掌握客户谁就掌握整个商圈。在产品设计同质化、冗余化，生产便利化、隐形化，销售渠道电子化、平台化，经营范围模糊化、组件化的互联网时代，经营壁垒已经越来越透明且易于复制，盈利点可能只在于一个小小的意想不到的优势，但又能迅速引领整个市场并形成规模壁垒。已获客群的各类信息能从侧面透露出这些商业信息，并使得独有的小小的竞争优势在快速壮大前被泄露、复制或被提前阻断。因此，即使是产业关联度较低并且处于联盟状态的合作方，也应注意信息之间的保密（出于商机的保密和信息安全性的综合考虑）。而数据和模型的共享又是数字化时代的另一大法宝，已经过实践证明能达到共赢的效果，并能提升客户满意度。因此，联邦学习就顺理成章地成为大家一致的选择。

作为对信息的一种有限交流方式，联邦学习能成为元宇宙中隐私保护和交流互通的重要渠道，完善整个信息流通体系。在元宇宙中，如果需要塑造机器法官、处理公众问题、进行非公开竞价等事宜，通过联邦学习的方式是一种很好的解决方案。

在预设一个公开透明模型的基础上，参与者根据数据接口标准提供各自经加密的隐私数据，并且由模型得到一个大家公认的结果。这在元宇宙中很多场合都很好用。比如，要确定分宇宙货币间的汇率，市场当前供需平衡、货币的投放与回收量、未来生产计划、分宇宙管理者的财务情况等因素均会产生影响，而这些因素又分别掌握在不同参与机构手中，并且并不适合完全透明地共享，此时建立一个联邦学习模型，来确定未来虚拟货币汇率走向，就显得十分有必要。如果需要一些各分宇宙共同表决或参与的事项，例如，个人综合信用体系的构建，就需要用到联邦学习算法。又比如，分宇宙如果发展出自己独特的语言或表达方式，那就有必要设立一个基于联邦学习的通用语言翻译设备。各分宇宙是相对独立存在的，并不能直接互联互通，加密算法能防止各分宇宙信息互串的同时，又打通了一些必要的联系。

元宇宙同时也会涉及区域信息屏蔽的问题，例如，对于部分海外分行的信息，是无法与国内直接联通的，而在元宇宙中，这一类信息的屏蔽就显得非常突兀，会导致分宇宙体系的跨宇宙割裂，此时采用联邦学习算法，就能缓和这一类矛盾。

（3）进行客群整体分析，以及群体特征提取，以更好地开发后台产品，并作为确定是否需要在该分宇宙加大投入的依据。

客户的选择并不总是我们所预想的原因，市场的流动有其特有的规律，我们只是尝试搭载其上的一叶小舟，为了能尽可能长地顺流而行，就有必要分析流动的具体走势。单一客户的特殊原因可以用于个性化的定制需求，如果是一种群体性的额外选择，可能是关联到了某一个其他的公众事件、与当前的某一潮流相符、可以用于其他非产品设计用途等原因，这时候了解具体原因，有助于评估是否需要加强产品这方面的属性，以进一步获取此类客群中其余客户，以及持续保持当前客群的销量。如果发现了潜在客户群体巨大、预计持续时间较长的明星市场，除了加强产品设计，还应加大各方面的投入以迅速占领这一市场，获取规模化的领先优势。

（4）客户风险承受度、信用等级的自动分析提示。

以元宇宙全方位数据为基础，制定更全面的风险评估模型，形成客户信用等级报告，并提示客户风险承受能力和意愿，以更好地制定营销策略。此类模型可以逐渐融入 AI 整体模型中，并对其他模型形成修订和辅助作用。

由于样本数据量逐渐充足完整，人工智能模型的预判结果将开始变得精准，并开始产生让人惊奇的效果。高等级的智能模型也将逐渐登上舞台，并开始主导战场。

（5）修订完善 AI 策略、各类辅助提示模型。

在场景中获取的一些体验数据，包括使用自动辅助模型、与 AI 交流的一些相关数据、喜怒等情感数据，都可以用来作为辅助修订依据。机械智能只有不断获取最新的训练和反馈数据才能不断进化和完善，从而更好地服务于顾客，并使银行利益最大化。

（6）在数据采集中，要注意客户是否知晓并同意。

即使在虚拟世界银行体系中，客户仍然需要有私密的空间。在初期，宁可少采集，也绝不能涉嫌侵犯隐私。保护隐私甚至能作为银行的一大卖点，处理不当会造成极大的声誉损失，尤其是在信息流畅的元宇宙。随身小精灵应设立查看信息的权限，并给予承诺及保障。

八、元宇宙银行基础业务领域的变化

现实世界银行起源于三大需求：一是货币印发的需求，中央银行根据广义货币流通情况、GDP 生产值、货币政策等多方面因素，综合确定货币投放总量；二是货币及贵重物品的集中保管和增值功能，也是银行存款来源的主要基础，通过通存通贷利差和各项中间业务来维持运营；三是货币流通需求，银行通过转账、票据、自动扣收、日终结算等形式实现货币的流通管理。在元宇宙中，基于这些需求设计的银行功能是否同样适用于虚拟货币呢？

分宇宙中虚拟货币印发具有一定的自主权，银行通过"汇兑"变现来控制虚拟货币发行对实体货币体系的影响。因此可以认为，虚拟货币印发权仍归属于现有货币印发体系管理，虚拟货币的发行及实际价值可以作为GDP生产值增加的一种计量因素，而不是作为一种实际货币进行管理。

虚拟货币的集中存储功能将被削弱，个人账号的安全体系将成为基础的货币安全保障，如果采用复合化的多重安全认证措施，账号被盗用的风险将降至安全界限内。虽然攻克银行系统显得不可思议，但如果能顺利攻克个人安全体系，那在虚拟世界中以他人角色和账户为载体非法套取银行资金也将很难防范，因为面临的是同样的风险基础和识别技术。只有当分宇宙个人安全体系等级低于银行认证安全体系等级时，银行的集中存款保护才会有意义。分宇宙银行的存储功能将被重新定义，因为虚拟物品没有体积、质量、保质期、物流等保管要求，甚至比货币更容易保管，客户在选择存储机构时，会更关注第三方信用及存取便捷。因此，银行的集中保管货币功能可能会被衍生至集中保管仓库功能，变成个人或企业的随身银行保管箱。

虚拟货币的基础增值能力将被削弱。鉴于虚拟世界存货体系在发展到一定规模前，是较难采用通存通贷的方式给予普适性的利率回报，也不大可能有中央银行指导利率等参考基准，除非分宇宙管理者有相关安排。仅按市场机制较难复制现实世界的存款收益模式，虚拟货币是否具有再投资价值也值得评估。分宇宙银行以存贷款利差为主的盈利模式将更多地向理财类服务转型，先有项目，然后吸引投资者，并且纳入银行体系。由银行投资管理的虚拟货币总额可能会仅占虚拟货币总量的一小部分。

虚拟货币代理支付功能在元宇宙中将部分绕过银行体系，一方面，因为客户会使用不被银行直接受理或认可的虚拟货币，无法纳入银行结算体系；另一方面，虚拟货币的支付渠道将多样化，包括去中心化的数字货币、与分宇宙 NPC 直接交易、市场兑换等。只有在与现实货币强关联的时候，才需要通过银行体系。

虚拟世界银行收入构成将主要通过中间业务实现。数字化固定资产投资将不再需要成本，虚拟商品的快速交易与运达将使得贸易融资业务失去最主要的意义，投资的回收期因时空的错乱而变得无法预估，会有一些新增的扣费业务和增值业务。例如，各类场景使用费等，使得中间业务收入反而得到潜力不小的增长。虚拟世界银行业务的增长也会通过联动体系促进现实世界银行业务的增长，并形成良性互动。

银行在元宇宙中将被分割为现实银行体系、分宇宙银行体系及联动体系。分宇宙银行体系也可以区分为虚拟世界通用型银行功能和分宇宙特定银行功能。分宇宙特定银行功能主要依托于分宇宙的特色。例如，在某些以实验为目的的分宇宙中，顾客需要使用线下实验室的版权数据及实验成果，或者根据虚拟实验结果线下同步模拟等需求，银行可以提供相关衍生服务，线下发布分宇宙研发项目并辅助提供项目评估，以供投资者挑选及联合开发使用；线上提供版权数据交易见证和费用计算及收取服务；直接给予研究者研发贷款、成果推广贷款；等等。

九、存款信托化

存款除了考虑安全性因素，也涉及全民信托的概念，所有存款人统一委托银行进行管理，开展贷款、信用证、票据等业务，并收取利息和手续费。在元宇宙中，金融体系盈利模式已被重塑，并且由于分宇宙管理者具有发行虚拟货币的权利，以及信息传递机制和效率的大幅提升，精细化管理需求愈发明显，并且成为可能，因此，虚拟世界中小范围的信托或基金类服务才会是主流。例如，在某个开放型的战争宇宙中，某一个小队需要攻打一个据点，需要募兵费、装备整顿费用、弹药医疗等后勤保障费用，如果攻打成功，可以按照 150% 返还，失败则不返还投资费用。这时银行端就可以发起这样一个项目投资，资金筹措方式包括定向私募、公开信托、项目池投资、优先劣后分级式理财等方式。银行也可以作为第二手投资，由其他机构发起具体项目设立，银行负责将该项目列入金融超市，供银行客户群体选择或者同时提供代理投资返还固定收益等方式。这种金融参与方式既提高了游戏的乐趣，促进了分宇宙主营业务的发展，也加强了金融体系在分宇宙内的植入及发展，规避了完全由第三方机构或个人开展此类活动可能会导致的庞氏骗局、赌博、洗钱、涉黑等问题。

银行在分宇宙内提供定向式理财，一是要在虚拟世界中提供面向公众型的认证登记服务，允许多个个人或机构登记；二是提供簿记服务，包括记账、余额查询等功能；三是能根据协议提供托管服务，在某一特定的条件下应采取何种操作；四是提供催收、清账、收益核算分配等服务；五是确保信托业务开展合法合规。

公开式理财，例如，银行设计了基于虚拟货币汇率区间的一项投资，并允许分宇宙内公众购买。一般情况下，分宇宙内大范围的稳定收益，都需要分宇宙管理者参与方能成功，实质是由分宇宙管理者变相进行的一种货币投放控制行为。分宇宙管理者可以通过发放虚拟货币的方式直接给予相关收益，或借助一些具体项目来变相发放收益。

十、银行的泛化服务

政府对元宇宙的介入方式暂不明确，但肯定是必不可少的。分宇宙从一定意义上说都是属于现实世界的子宇宙，政府管理部门可以直接对分宇宙的存在进行把关和管理，而不仅仅是作为分宇宙规则制定者或者分宇宙内容提供商，这一点与作为合作商的银行有显著区别。分宇宙要设立、运行、扩展等均应经过政府管理部门的审批与监督。但在各分宇宙中，人们仍然需要区别于分宇宙管理人员的政府信用或公信力的存在（个别政府直接设立的分宇宙除外）。但很难想象，传统意义上的政府管理职能在元宇宙中原样照搬，银行作为受到政府严密监管和授权的类政府职能机构，尤其是国有银行，能在某种意义上间接补充和完善这种管理职能。例如，提供交易证明、基础物质安全、基础金融体系、信息保密服务，并由此衍生出另一种意义上的安全区域（安全世界中的安全区域），而基于这个安全社区，又可以额外提供一些衍生服务，并形成一个相对完整的综合化安全社区。对于畅游于各类分宇宙后略有迷失感的人来说，这就像家一样温馨熟悉，并具有安全感。与其他分宇宙合作商不同，银行所能提供的社区安全感，对隐私数据的获取及保护能力，是任何供应商无法比拟的。

1. 元宇宙身份识别及多重角色统一

个人会在各个分宇宙内存在分账号角色，由于分宇宙之间的信息互不联通，个人在元宇宙中整体的存在感就会被降低很多，我们会变成生活在一个个分宇宙中的片段，而不是一个具有十维能力可以任意穿梭的高级生命体。通过银行体系（银行体系相对独立，多宇宙共存，并且需要实名认证），我们就能将这些碎片组合起来，形成完整的个人拼图。通过权限体系对个人多宇宙信息的读取的控制也是很重要的，毕竟我们要的并不是一个一，而是无数个一组合成的一。除本人外，会要求具有一定权限的第三方才能获知，比如多元宇宙通缉、信用体系转移等特殊权限。如果我们在某一个分宇宙中已经达到了大师级水准，并获得了分宇宙的广泛认同，我们有时也会希望这份荣誉与认同感被间接带入其他分宇宙，银行体系就可以提供类似的证明或桥接服务，而不用透露个人其他隐秘信息。人们会惊讶地说，看，这就是在剑域世界排名第一的高手，这就是在赛车世界驾驭多维战车的传奇人物等。同样，如果在现实世界是一个臭名昭著的罪犯，其在分宇宙出现相同的犯罪倾向的时候，我们也能及时跟踪及阻止。虽然庞氏之类的骗局总是死灰复燃，阻之不尽，但总有一些手段能进行适当控制及全局警示。

2. 元宇宙资产综合查询及操作

除了个人信息，个人在分宇宙中所拥有的资产（已与现实世界建立互换体系的分宇宙）的统一查询和操作，也只能通过银行体系作为连接点实现，即使有第三方可以提供类似的小范围查询服务，但在覆盖面和公信力上会有所不足，并且对资产的实际操作总还是需要现实的结算牌照方能开展的。银行可以考虑在分宇宙银行群落建设的基础上，再建立一个包含所有分宇宙银行业务和资产的元宇宙综合银行，提供跨宇宙资产管理功能。

3. 元宇宙综合救援能力

假设参与者在分宇宙中突然发生身体不适，但未能及时退出并在现实世界呼救，如果患者在分宇宙中向随身小精灵发出呼救信号，银行体系在虚拟世界中接收到相关信号后，就能在第一时间联络现实医院上门抢救。同样，如果在分宇宙中被黑客用技术手段困住或直接导致昏迷，同样处于虚拟世界中的银行要比现实世界警务体系更能获得第一手情报，并联络现实世界警务体系上门救援。

4. 元宇宙独立空间安全隐私保护

置身于元宇宙中，我们的一切都在第三方的监视下，而且被随时记录在案，个人隐私失去保护，即使是最后的隐秘空间也可能会荡然无存。而一旦存在监管空白，却可能会导致更为严重的问题。在这种情况下，置身于银行体系内，形成只有银行才能监控的独立空间，相对于被不知名的第三方监控，给予个人及群体的隐私性相对来说能缓解隐私焦虑感，而对于外部监管要求来说，包括各分宇宙管理者，也可以相对放心。基于这类空间，除了可以提供隐私性，还可以开展具有商业秘密的在线会议，只有大家都公认的第三方可以提供这种服务，尤其是在涉及多领域联合隐秘讨论的时候。

十一、提供分级式金融稳定体系

1. 初步探索金融稳定体系一揽子服务

银行可以通过向金融集群提供元宇宙银行社区独立场地租赁的方式，由同业基于社区安全协议框架自建独立运营场所，并达成一定的联合服务协议，来达到“商业街”一揽子服务的目的，通过互补的方式初步探索金融稳定体系的建立。合作商仅占用银行体系的整体环境，以及一些最基本的规则保护，但在其专属领域，采用独立运营的模式，也可无须开展联邦学习等互动交流，相互之间设有严密的保护机制。

联动建设具有共享基础设施和框架协议的优势，中国的银行体系相对来说安全等级是最高的，也是牌照最齐全的，因此，以银行作为基础设施建设方具有公信力。对于分宇宙管理者来说，也只需要洽谈一些规则协议，而无须与各金融机构各自探讨复杂的安全协议及个性化设置。当形成标准化一揽子约定时，相关参与方可以节省大量的条款商讨、法律审核的工作量。由于接口也都有现成解决方案，重复开发的成本降至最低。各方还可以基于某些特定风格的场景开展联合设计，使得风格趋于协同。

对于用户来说，一个金融集群及合理有序的场地布局安排，所带来的体验远远超出零散布局、各自运营的分散体系。元宇宙的空间可操控性，使得过于密集导致的场地不足或安排不合理等问题几乎不存在，门厅可以是一个更广阔的自定义空间的入口，也可以在区域内共享瞬间转移等能力，使得距离感进一步缩小。

对于构建可标准化分级提供的金融稳定体系的长远目标来说，联合共建尤为重要。目前的金融体系是在发生过许多次金融危机，历经了漫漫长路及无数探索才初步构建的相对稳定的体系，各组成部分都有其不可替代和独特的作用，但由于金融市场的不稳定，运行过程中仍然会面对许多挑战。只能说，面对各种风暴的时候，我们都有一些可以使用的武器（金融工具）或者其组合，来进行应对，而不至于束手无策。通过邀请金融同业一起建立各自独立运营又分工有序的联合社区，能将这些武器交到训练有素并有充足实战经验的战士手中，从而使全套金融稳定体系能更好地运作。

对于元宇宙货币体系来说，金融稳定比现实世界更为困难。因为配套的物价管理体系、法律体系、财政体系均不完善，或者说几乎空白。从金融体系来看，就已经会面临Bug导致的货币超发、不可知的通货膨胀、多种虚拟货币的互相作用、管理者兜底信用较为有限等特殊问题。要深度介入元宇宙，这样一整套较为完善且有专业人士操控的金融集群犹如镇山之石，能快速帮助管理者构建并稳定分宇宙的金融体系，使其成为稳定增长的赢利奶牛，又有谁会不欢迎呢?

对于同业竞争来说，将升级至金融集群间的竞争，金融集群内部的竞争将转变为竞合。集群竞争的内涵远大于单一金融体之间的竞争，而当对手还处于单一金融体程度时，胜负似乎早有决断。基于数字化马太效应，一旦某一金融集群在元宇宙中率先成型，其对市场的拓展能力、行业准则的建立能力都将是其他金融体望尘莫及的。

在中国，由于独特的以银行为主的金融体系，以银行为核心开展的金融集群建设，在当前阶段是较为合适的尝试。元宇宙中各类金融机构还会由于元宇宙独特的属性发生“变异”，并重塑原有分工，形成新的合作关系。当形成相对成熟、稳定的金融集群后，这些变异和分工会不断地进行完善，相互间的协调也会变得较为容易。

金融机构的“变异”在元宇宙中会成为常态。这些变异都在时刻发生且需时刻应对，不仅是业务上的随变性，在体制机制、运营模式等基础架构上也具有随时应变的要求。

有利的是，调整元宇宙运作模式的成本相对较低，而且当银行视野已经扩展到多个分宇宙时，对某一个分宇宙的变化也会习以为常，形成常态化“变异”管理，甚至可能早已形成多套可供选择的体制机制建设方案及危机应对方案，而不是手忙脚乱地应急处置。

同时，驾驭这一切后所能产生的巨大利益，尤其是在金融领域（相对农业生产和工业生产，金融服务领域在元宇宙中显然更容易产生价值，而且具有几何级的增值能力），会让一切的付出和努力变得非常值得且趋之若鹜。

在一揽子服务不同形态中，会对应不同的金融稳定体系建设要求。在最基础的接入形态中，元宇宙仅提供核心交换数据（核心数据指交易直接相关数据），处理这些数据主要涉及货币价值评估问题，银行审慎评估后进行实际价值折算，但相关产品仍需进行全套创新与制度完善，已经等同于再造一个汇兑体系。在高一级的形态中，可以在元宇宙中直接操作现实账户及资产，融入元宇宙所带来的特殊的展示及操作方式、模型提示等先进功能，这种形态涉及更高的安全等级要求，是对客户体验及产品终端模式的大幅革新。在更高一级的模式中，可以直接开展分宇宙相关业务，产品完成收益后再与现实世界结算联通，这就需要对分宇宙深入了解及全新的运营模式。这时，就已经不止于风险评估、客户营销等局部变革，而是涉及整个机构模式的革新了。这种革新可能会使相关金融机构完全脱离原来的运作体系，产生全新的盈利模式。在更高一级的模式中，由金融机构内在自发地针对元宇宙的特殊性和可拓展性，进行探索尝试，甚至开辟属于自己的元宇宙经营模式。

2. 标准化服务体系分级

鉴于各分宇宙实际需求、安全性评估、生命周期、经济回报率、银行体系整体介入策略的不同，可以进行适当的标准化服务体系分级，正式接入时再以此为基础进行调整。

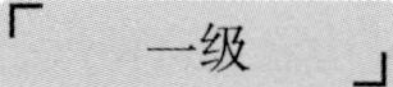

由分宇宙管理者实际参与或作为中间商的货币单次单向兑换。

参与者用现实货币向管理者购买虚拟货币或其等价物，银行负责向玩家收款，收入方为分宇宙管理者，交易价格由管理者报价后，参与者确认同意。由于交易属于方向不可逆的一次性买卖，实际成交价格并不需要进行货币价值评估，完全属于市场自发行为。在某些情况下，比如管理者为鼓励参与积极性，允许参与者向管理者卖出虚拟货币，交易同样也是单向的，价格由管理者报价后，参与者确认同意，银行仅提供收付款服务。在这种模式下，虚拟货币与现实货币的汇率实际完全由管理者确定，并且买入卖出价不挂钩，银行仅提供结算服务，交易完全由单笔合同确定，实际也只涉及同币种之间货币的镜像互划转，不涉及新货币发行、不同货币汇兑等问题。

在一级模式下，已通过镜像交易方式将虚拟世界与现实世界进行连接，但实际交易并不关注虚拟货币价值风险，主要关注资金划转过程中的反洗钱、反欺诈风险。

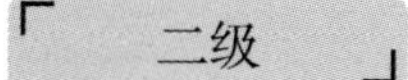

二级

银行联合分宇宙管理者共同提供虚拟世界货币除兑换外的各类金融服务，比如 R 币理财服务、R 币贷款服务、基于 R 币的证券投资、虚拟货币之间的买卖等。在二级模式下，线上金融体系独立搭建，采用虚拟货币为载体，在提高分宇宙参与度的同时，探索融合分宇宙规则形成个性化的金融稳定体系，防止分宇宙金融体系的崩溃。模拟炒股等应用属于二级模式的一种探索，走势可以与现实世界保持一致，但交易结果并不与实际资产挂钩。

在元宇宙中可以探索构建多套货币体系，并且相互可兑换，形成内部汇率。在同一区域内同时存在的多货币共用体系是元宇宙的一大特色，能帮助管理者简化货币体系的管理，精准控制局部物价水平。在综合金融管理基础薄弱的元宇宙中，这一做法是值得尝试和探索的。为了防止货币体系的过度割裂，也应同时探索建立不同货币体系间的兑换方式，在分宇宙内部形成一定的汇率机制。

三级

提供基于一级（镜像模式）和二级（纯线上模式）的三方一揽子协议，有限度地打通线上线下平行联动体系，线上线下并不直接联动，但能进行对标关联，通过协议方式确定关联模式及各类限制。

以炒股模拟为例，可以规定如果线上收益超过多少，则线下将按收益的一定比例提供分成，或者提供固定数额的奖励，如果线上亏损超过多少，会被强制平仓并退出交易；主办方在线下有选择地根据优秀参与者的操作进行联动。这样就实现了主办方承担固定风险，但收益无上限，参与者无风险参与，有机会获得无上限收益的三级元宇宙金融服务方案，以及可以配套优胜者直接获聘任等后续奖励。主办方也可以先观察一段时间后才决定线上与线下的关联方案，包括具体关联哪些人、关联是否配套杠杆等，以提高盈利率。对于部分虚拟货币理财业务，可以将线上收益与线下收益进行有限挂钩。例如，规定每月实际收益不超过多少元，具体金额根据线上理财情况发放等方式。

在总信用风险控制基础上初步形成鼓励创新发展、配套一定奖励的虚拟金融体系，能提高参与者的参与度，提高特色金融体系和金融产品的创新力度。

「四级」

与管理者签署总兑换协议，同意在一段时间内、在一定金额范围内，按确定的买入卖出价区间提供虚拟货币与现实货币的兑换，由管理者提供担保或全额保证金。可规定每人每次兑换上限、兑换比例区间等，并基于此协议，提供一系列金融服务，例如，远期兑换价、期权、抵押融资等。这种等级下，已开始直接介入分宇宙价值体系的评估，银行需要有自建的风险评估控制体系，并配套相应的风险防范和实时监控措施。虽然有总信用兜底协议，但过程管理开始显得十分重要，随着信用总额的提升，实际上已与直接参与分宇宙货币体系建设无异，并已初步赋予虚拟货币以“货币”属性，而不仅仅是作为一种虚拟物品的计价单位。

从元宇宙银行体系的建设角度来看，风险管理过度依赖于第三方实际会弱化自身能力的建设，因此，在有第二还款来源兜底的情况下，已可以开始着手建立融合各项金融服务、以第一还款来源为主的全面金融稳定体系。

「五级」

在分宇宙内，尝试建立跨区域、跨组织的全宇宙货币管理体系，打通各分宇宙的基础价值传导，实现国际财务管理虚拟体系。可以通过一段时间后轧差、头寸管理等时间错配的方式实现财务资源的实际节约，也可以通过虚实有限幅度的错配等空间错配方式提高财务管理效率，或者通过虚拟跨境担保的效力规避现实金融体系的限制。这是一种元宇宙跨国资金管理的高级形式。

「六级」

基于个人或公司的元宇宙货币统一管理体系，将跨宇宙、跨区域的管理体系延伸至每一个公司及个人。管理个人或公司在所有分宇宙内的所有资产，部分已签订总兑换协议的可直接互换，并可直接参与相关金融服务，提供估值及投资转换建议。

「七级」

在以银行为管理者的分宇宙中，尝试提供更广义的虚拟货币发行及兑换服务。信用卡商城就是一个比较好的例子，信用卡积分与真实货币是有一定的无限量对应关系的，可以直接用积分购买实体物品。此类业务可以适当衍生，因为此类虚拟货币实际有银行自身信用作为支撑，其流通价值更为广泛。

「八级」

在以中央银行为管理者的分宇宙中，尝试推广该分宇宙具有央行背景发行的可兑换数字货币的全宇宙流通与全量兑换服务。通过元宇宙银行系统的设立，协助央行推广数字人民币的使用范围和适用领域，并直接以数字人民币作为相关体系的直接结算渠道。

十二、与新兴机构新兴职业的协同合作

新兴机构种类包括：新的政府管理部门或第三方部门、新的线下机构、新的线下线上一体化公司、新的纯线上公司。合作方式包括数据买卖基于加密数据的联合建模、贷后管理的部分外包、联合场景构建及开发、新增职业的内部化、咨询服务等。

1. 分宇宙内物价体系及货币体系的调查服务

银行擅长提供全套金融稳定工具，但金融体系往往是复杂而脆弱的，工具的组合使用及监督管理依然需要根据市场行情合理安排。获得定制化的市场资讯将是第一步，基于市场资讯向有权决策人出具金融工具使用建议是第二步，适时推动相关计划的落实开展是第三步。这三步需要实时不停地滚动进行，以确保整个体系的持续性运作。其中，多少内容进行外包，多少内容自主开展，取决于具体市场情况和供应商情况。

2. 分宇宙参与者（含个人和机构）情况的调查

由于分宇宙内信用评估机构缺乏，并会有独特的信用评估体系构建需要，适当的外包个人情况调查，以作为整体信用评估体系的一部分是十分必要的。在分宇宙内，人们的行为方式与在其他宇宙内可能迥异，取决于个人自身定位、宇宙规则约束、利益最大化驱使等各种因素。调查方式在不违背隐私设定、政策法律的情况下，可以灵活开展，要注意防范第三方机构以此谋取不正当利益。

3. 分宇宙银行社区嵌入式场景的联合构建

分宇宙中，可以在银行安全社区内，开放部分场景与供应商联合构建，形成既有特色，又符合安全社区标准的特色服务。一是底层规则的融合，银行的底层安全评估协议，分宇宙基本运行规则的部分限制，分宇宙特色运行规则的调整等，以确保客户既感觉在银行体系内，又感觉在分宇宙内，所作的修订也完全在客户的理解接受范围内，比如限制穿墙能力等。二是装饰风格统一，包括场景装饰风格、人物装饰风格、窗外环境展示风格等。三是场景特色的整体融入感和需调优部分的联合评估。场景特色的整体融入感是指该场景是否需要在银行社区内构建，以及是否会影响银行社区的整体风格，包括核心理念、运作模式、形象风格等方面；需调优部分是指在整体评估可行的基础上，部分功能可能需要进行优化调整，以维护社区一体化，例如，大范围爆炸能力、超大变形能力、不合宜时装限制等，银行也可以配套提供一些优化。四是双方合作情景和产品的设计。共建社区的背后逻辑肯定是共赢，共赢除了协同增值效应，也应该体现在与社区直接关联的产品及服务上。五是退出协议。当该场景未能如预期运行或出现了意外变数，应能进行有序清退。六是多宇宙联动协议。如果有些嵌入式场景具有多宇宙联动需求，也可以签署一揽子开发协议。例如，场景内虚拟服装供应商，提供顾客在银行社区内的装扮服务，并不需要在每个分宇宙都寻找一个特殊的供应商，可以适当统一，服装风格也可以视情况沿用。如果涉及多家银行同业联合共建社区，相关的多宇宙联合共建协议可能会涉及一些额外内容，例如，合作总额限制、防过度竞争协议等。

4. 分宇宙内商机的联合开发

对于分宇宙内的特殊商机，银行也可以作为场景的一部分进行联合开发，或提供一些定制服务。与嵌入式场景注重场景的设计不同，分宇宙内商机的联合开发更注重整体方案的设计及个性化的各类细节服务的整合嵌入。

联合开发提供的服务应该是全方位的，能够锦上添花，而不仅仅是资金提供方或者已有服务的简单延伸。

5. 分宇宙心理健康、意识形态问题的评估商

这一部分可能是最容易失去控制的，因为较难监管，而且实际会造成较严重的后果。思想的交流是元宇宙最直接的

基石，凌驾于一切规则与束缚之上。我们可以营造沉浸式体验，欺骗视觉、味觉、感觉、嗅觉、听觉，但参与者脑海中仍然可以自由思索，晚饭要吃汉堡还是海鲜，并随时与朋友交流，也可以是其他任何内容。分宇宙中虽然能大幅提高对参与者沟通交流的监控，但传播形式的丰富、技术手段的革新，对思想交流传播的便捷性、隐蔽性提升反而更大，使得监管难度更高。这一方面的控制缺失，也许是目前分宇宙暂时未能大规模开展的重要原因。

心理层面的暗示和诱导更难于监管和定性，通过通俗朴实的语言，循序渐进的组合，使得受众心甘情愿地违背自己的真实意愿而行动，造成无法挽回的损失。而元宇宙沉浸式的触达，使得心理武器的威力得到大幅提升，如果不加以控制，从手段上、受众面上、规模化上，其影响力和破坏力都能够达到毁灭级别。

思想的交流、心灵的保护，是否能守住防控底线，防止邪教、黑恶或敌对势力的渗透，阻止各类负面言论的不当传播和各类心理武器的不当利用，将是分宇宙发展中的一个关键因素。这些不是银行所擅长的，但与银行切身相关，需要与外部评估机构紧密合作。这些外部机构可以是官方机构的衍生业务，或是有相关资质的民间组织。

6. 分宇宙可持续发展评估商

分宇宙的崩塌与封闭，是一种常见的现象，一旦失去了客流或盈利点，分宇宙管理者便会主动终止或封闭，而客流量又取决于宇宙内体系搭建的完整性和吸引力。

任何分宇宙，只要符合准入条件，都可以随时接入银行体系，并不会因为其存在时间短暂或者即将关闭而被排斥，但会成为业务开展经济性的主要评价标准，并且需要及时开展关闭前的清算。因此，分宇宙的运行情况，以及所处生命周期和可持续经营能力，都需要有完整的监控及评价体系。

分宇宙的版本升级也会是十分常见的现象，有时候版本升级会大幅改变原有运作逻辑，其变更幅度不亚于再造一个新宇宙，此时也应做好分宇宙可持续发展的评价工作，并做好相应变更及清算事宜。银行的独立性架构使得版本升级对银行体系的影响相对可控，不至于直接产生安全漏洞隐患，有限的接口也使升级评估变得更容易。

7. 线上线下联动服务提供商，例如，快递、衍生品生产商、接入设备生产商等

打通及拓展线上和线下的各类服务，将银行安全社区的构建衍生至线下。线下的合作体系将与现有体系有较大幅度的变化，新的线下合作体系实际是元宇宙银行体系在现实世界中的多重投影，可能同时承载着不同分宇宙的不同服务体系，应注意对合作商指令和服务内容的相对标准化和集约化。通过协同合作，共同构建整个体系的完整性和安全性。

采购及后评估体系可以通过收集各分宇宙客户的实际反应数据，建立综合评估模型，并进行动态监控，将定期准入及后评价体系升级为实时运作的监督模型。

8. 线上实景会议、虚拟人物建模等高端技术提供商

元宇宙银行体系的建立，需要一些新的技术提供商，既可以采用收购、买断的形式，也可以建立长期合作。这些高端技术提供商可能会成为产品瓶颈，新技术的研发及使用通常会比较昂贵，周期较长，对于专属应用还需要额外的开发，同时也需要培养一批通晓该领域的内部专家以进行有效衔接，因此，提前布局整体新技术触达体系很关键。

十三、模式+质量=品牌

元宇宙运行的方式近乎无限，而在某一种确定模式下，复制和扩张极为容易，寡头垄断将成为常态。同质化的品牌竞争将被无限弱化辨识度，而以特定运行模式进行识别将替代传统意义上的品牌特质。模式化的生产生活方式之下，质量问题将被重新定义，全新的质量保障体系将能确保各类模

式快速推广和经久不衰，并成为商家最有力的竞争壁垒。

虚拟世界几乎不受现有技术条件和物理条件的约束，只要符合当前宇宙规则，比如古代宇宙不适合出现激光枪等设定，物质的生产几乎没有原材料成本，技术的实现上，更多的是赋予而不是达到。因此，隶属于某一特殊宇宙的物质的质量问题被重新定义，传统意义上的假货、劣质品等基本不再存在，更多的是生产授权不足、不符合当前宇宙规则、不符合用户需求为主。

对于现实与虚拟联动的分宇宙内，现实世界配套的质量控制会有一定的要求，除了其本身的质量标准，也要看和虚拟世界中的形象、功能及属性方面是否相匹配。比如，虚拟世界中展示的是一款上好的普洱茶，结果现实世界提供了顶级的玫瑰花茶，那即使品质再好也会使得整体质量控制出现了偏差。当前现实世界对很多虚拟世界物品的模拟都不尽完善，从沉浸式设备到周边商品再到模拟体验，都还处于起步阶段。而顾客对质量的要求会不断提高，并有可能成为选择分销商的一个重要依据。比如，这家银行的 VR 眼镜更舒适，那家银行配套茶点还原度更高，另外一家银行降临设备操作更灵敏等。相对于高端思维体系需要时间及技术的积累沉淀，基础质量控制实际更容易达到，也与顾客感受更直观接近，可以作为初期投入的重点。

通过元宇宙增强现实世界的场景中，对于现实世界质押物的质量定义也会相应变更。例如，通过元宇宙实现动态质押物的实时监控管理，通过摄像头、物联网、区块链、远程操控设备、图像识别等技术，改善目前动态质押只能定期外包式监控的方式。此时，原来仅满足于集中存放、出入库管理的动产质押质量管理体系，会上升到针对每一个质押品的状态、进度、保存环境、定期更新、实时查看、远程维修、自动止损等质量管理要求，并最终体现在动产质押品的最终状态上。

模型有效性也将会纳入元宇宙质量标准。今后，越来越多的智慧机械生命体会融入我们的生活，例如，智能家电对于普通家电已经呈现出全面更新换代的趋势，这时，对产品的质量检验并不能仅对物理状态进行质量检测，其内在智能体系也属于质量范畴。一是要求模型质量能达到设计要求或同类产品标准，不会产生单产品的系统混乱；二是模型的智能化程度能否达到用户要求或产品宣传，防止出现虚假智能产品；三是是否会出现模型设计冗余，并导致潜在质量问题，例如，一个会思考人生的扫地机器人，有可能反而无法较好地完成清扫任务。本书暂时无法一一列举模型有效性所产生的产品质量缺陷，这些问题在虚拟宇宙中的影响可能更大，但相信模型质量评估体系，会随着元宇宙的不断完善、各类模型的不断升级而逐渐形成共识。

具体到银行，虚拟世界银行本身的建设应注意上述几方面的质量问题，对客户的综合评价体系，包括产品质量和抵质押品评估模型应进行及时更新。在各类具体产品的设计上，例如，信用证关联议付点、保函关联交付物等，也需要进行相应产品架构的重新设计。对于智能化模型，既要能建立最优质的智能模型，也要能有效鉴别第三方智能模型的有效性与完善性。对综合合作商和供应商的准入及评价体系上，应注重分为线上、线下及联动部分的评价。在建立起分级金融稳定体系后，能否持续保持领先优势，并为进一步拓展打下扎实的基础。这些看似细微的新型质量管理体系实质上必不可少，并且深入到新模式运营的方方面面。

十四、共享存储功能

网上保险柜可能会成为银行体系在元宇宙最重要的功能，在安全性、隐私性、多宇宙通用、易于提取及分享等方面都具有无法替代的优势。虚拟货币兑换尚需要一定的准入条件，但网上保险柜却是相对通用的。

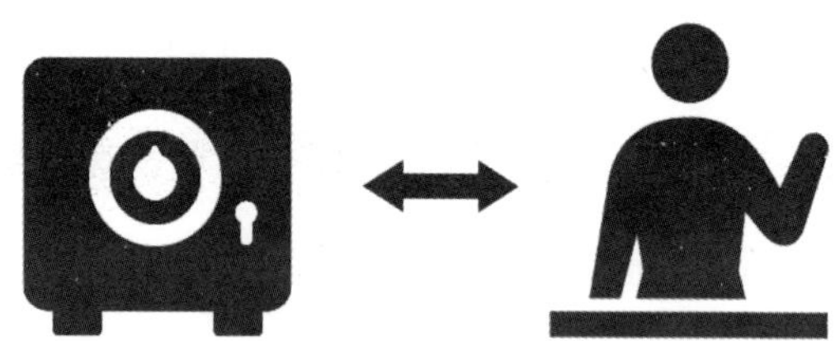

网上保险柜可以与个人绑定，通过各种接入口连入，连入后有相对严密的安全认证体系。内部空间可以无限大（虚

拟物品实际没有体积），储存的虚拟物品实时与分宇宙进行联动，更新其状态。支持第三人在获得授权的情况下取得物品，或由银行直接寄送、快递物品至第三人。网上保险柜可与线下联动，既可以存储、查看虚拟物品，也可以存储、查看实体物品，对实体物品的存储和提取会有一定限制，但能通过网络每日查看实时扫描或拍摄的实体物品，也是一个很好的卖点。

网上保险柜也可以支持公司开通使用权限。功能与私人网上保险柜相同，但相关功能可能会被额外拓展，具体还有待探索和设计。

当分宇宙封闭时，银行也可以在网上保险柜中保存个人在其中的一段经历，或者再现身临其境的体验等服务。

银行作为虚拟物品的仓储机构是非常合适的，数字化虚拟物品的存储、流通、查询等操作模式上，除了占用字节的大小不同外，与银行货币体系有许多共通之处。而现实世界的银行本身就有重要物品保管功能，由于场地限制，一般只服务于 VIP 客户用于保存小件高价值物品，虚拟世界则不存在场地方面的问题。数字物品既可以是一段文字、一个图形、一段视频，可以在拥有者要求下，在整个元宇宙内进行定向共享信息或内容；也可以是一件物品、一种情景、一个状态，可以在某些分宇宙中，成为虚拟数字物品传递的主要渠道。

由银行作为第三方存储，是显著优于单一的区块链提供商的。一是跨度广，银行体系元宇宙通用，接入也较为简易。二是公信力更强，保密性上去中心化可能有技术优势，但综合考虑管理体系和银行信用的话，就整体公信力而言，银行要更胜一筹，并且区块链实际还是可以由组织者进行一定程度上的整体修改，安全技术也并未趋于完美，达到一定算力就可以进行篡改。三是更经济，区块链主要适合储存少量数据，对于大范围的存储及交易会消耗过多资源。四是更真实，元宇宙中可以随意流通的虚拟物品种类数不胜数，真实“拥有”的感觉反而有所缺失，“存银行”能在一定程度上带来一些私人拥有的感觉。五是持续经营能力更强，银行的持续经营能力是较强的，即使出现了金融波动，也会保障储户利益不受损害。六是能享受更高等级的服务，银行可以配套开发随身小精灵等服务功能，便于用户使用。

银行可以提供储存基础上的定向共享，一是在个人安全性上有保障，包括个人信息及物品信息。二是在国家安全性要求上有保障，对于一些泄露国家机密、危害国家安全的物品，银行还会根据政府要求，开展一定的安全保障措施。通过官方渠道进行 P2P 传递（在虚拟世界中，共享和传递边际几乎相等，但共享可以进行限时自动收回等功能），能够对信息及物品的传递和发布起到一个最基本的控制，而银行作为这种载体十分合适。三是可以跨宇宙共享，包括各分宇宙之间，以及在虚拟与现实之间。四是收费相对稳定透明，也可以直接联动现实账户定期扣划。五是系统更稳定，不会由于系统不完善导致物品丢失等各种报错，提供的功能也更加丰富。

在共享物品系统建设时，要做好以下十个方面。

一是要注重基础的安全性设计，失去了物理隔绝和实体网点保护的天然屏障，虽然纳入银行整体安全体系，但在浏览、共享、提取等模式上，可能会出现新的安全漏洞需要填补。

二是设计分宇宙之间的隔离及互通体系。银行虽然能起到连接各分宇宙的功能，但大部分情况下分宇宙还是应该保持独立性，过度流通极有可能会导致分宇宙的混乱；查看等功能可以适当放开，以便于随时检视自己的财产，但提取使用大部分情况下应仅限于分宇宙内。已折算的货币可以在签订一揽子汇兑协议的分宇宙间有限流通，物品可以在个人多个账号间流通，可以根据授权或具体指令在同一个分宇宙内的不同个人或机构间流通，可以设置出库时间，永久或一段时间后自动归还，可以限制流通过程中对物品进行改变。

三是设计线上线下互通模式，线下物品通过扫描、监控等方式加载至线上，并可通过线上功能进行同步操作，线上物品线下交易时，根据个人或机构授权对外展示和共享。

四是设计动态监管系统，除了提供可视化监管，还可以提供物品状态相关指标，以及存储环境指标，并设置触发值和具体触发行为。

五是设计物品动态更新机制，需要与各分宇宙进行实时数据交换，可以通过三方协议的形式进行一些额外的约定。

六是设计物品存在所依赖环境的模拟体系。元宇宙中物品存在的环境可能多种多样，并使物品具有不一样的含义，得益于虚拟物品存放空间的不受限制，完全可以将物品所处的主要环境一并模拟，模拟拟真度和范围取决于用户愿意支付的费用，费用充足且获得相关授权的情况下，将整个分宇宙复制一份也完全可以实施，比如存放一株生长在雪山上的灵芝、一种在宇宙中飘荡的金属、一只在异星中飞翔的飞豹等，同步存储其存在的分宇宙环境将极大地提高存储价值和直观感受，创造物品私有空间。

七是设计物品安全性检测体系，比如某一物品自带毁灭十米内所有物品的能力，并且不受环境约束。如果没有进行防范的话，可能会使得银行存储体系从内部被撕开一个巨大的缺口，部分物品还可能借助银行存储体系散播分宇宙特有元素，但这些元素到其他分宇宙后，可能会造成体系崩溃。

八是设计各类便捷服务体系，例如，随身保险箱、召唤式储藏室等，丰富相关功能体系，提升操作便利性，可以基于元宇宙特性开发各类小组件。

九是设计合理的收费体系，收费标准应该公开透明，也可以考虑提供免费存储的方式来吸引顾客办理其他业务。

十是设计场景布局，这里主要是指存储总界面的操作场景布局，现实世界的存储，一般都由箱柜式组成，并集合统一操作平台。元宇宙中的存储完全可以脱离这种范式，形成更多种多样的形式，能让人跨纬度提升体验。

十五、虚拟人物属性和能量本位的货币体系

在分宇宙中，与银行直接打交道的是虚拟人物，然后通过虚拟人物关联到真实人物。虚拟人物存在的要求、各项属性就成了第一重信用情况判断。虚拟人物的构建，在各分宇宙迥异，甚至不一定以人类形态出现，而个体对于虚拟形象的设计，也在一定意义上折射出个体性格、偏好、经历等内容，对于判断一个人的信用情况是十分有价值的。同时，各项属性，包括外表属性、力量智力等内在属性、地位金钱等

附加属性，也可能成为有价值财产的主要来源，比如支付会员可享受额外加成等内容。

生命属性更为特殊，相对来说更接近于必要支出，虚拟人物死亡一般会受到一定惩罚才能复活。生命属性会牵扯到很多伦理道德问题，例如，在虚拟世界中杀人算不算违法，在虚拟世界中进行心理催眠或诱导属不属于犯罪。现在主流观点认为，虚拟世界中的行为，如果对现实世界有影响，就应该论罪，因为两者不是平行关系，而是互相融合的，实质为一体的关系。因此，在牵涉到虚拟生命属性的各类交易和业务的问题上，银行应构建额外的防火墙。例如，在虚拟世界中，可能互斗、杀人并不违规，但交易银行依然不适合参与，这是由元宇宙法则决定的，也是基于现实世界的衍生类保护措施。

除了外部力量、宇宙规则导致的虚拟人物死亡之外，虚拟人物其实还有另一种死亡的方式，即能量耗尽。能量在元宇宙中是通用的，我们甚至可以基于能量来定义一种新的全宇宙通用货币，而且能量在元宇宙中是如此直观且可以度量的。这一货币体系可以优先在元宇宙中进行试验。虚拟人物可以通过能量货币换取能量，来确保虚拟人物在虚拟世界中的持续存在，也可以通过能量货币来建立并维持虚拟世界中一些建筑、场景、功能的运转。当能量货币足够多的时候，甚至可以直接在虚拟世界中建立自己的分宇宙。而这些货币并不会由于非能量因素导致的通货膨胀而失去价值，因为他们总是能够兑换等量的能量，并用于维持虚拟世界中所需的一切活动。

随着能量应用方式的革新，我们可能会以更节约、更高效的方式来进行运作。例如，生物计算能耗比相对于硅计算的跨越式提升，那样会让能量货币价值得到真实的增加。现实世界的能量供应突然增减或不可持续，会影响能量货币的实际价值，而随着能量来源的不断丰富、绿色可持续资源的拓展、质能转换的不断加强，能量的稳定性已经越来越强，尤其是在并不需要太大能量维持运转的虚拟世界中。

十六、分宇宙归属感和信用传导

分宇宙的信用是否需要传递到整个元宇宙？这一命题又可以理解为，现实世界的规则是否需要映射到整个元宇宙？

长远来看，分宇宙的独立性与联动性，显然是一个需要不断平衡的命题。这一过程注定是动态波动的，在达到初步稳定体系前，很难简单回答是或者否，因为不仅要有道理，也要有论据，并且需要符合当前发展阶段和未来预期。每一阶段的答案可能都是不尽相同的。元宇宙发展得不完善，使得参与者暂时还不十分需要在虚拟世界中寻找安全节点，也就是本书中提到的银行需要在元宇宙中扮演的关键角色，甚至连获得部分沉浸式体验仍需花费大量精力，目前最大的问题实际是“尚无法有效沉浸”。这既受限于技术设备的发展，也受限于元宇宙规则体系的建立不完善，一个混沌的虚拟世界，是很难让人产生归属感的。但这一切已经纳入人们的视野，相信很快就能得到改善，建立基础的元宇宙世界当前已经不十分困难，并且大家已经开始意识到元宇宙的建立应该全方位进行，包括风险控制、法律规范、信息安全、资金划拨等方面，使之可以称之为一个宇宙，并且应该与现实世界进行联动。

短期来看，由于分宇宙设立之初就以完全独立为目的，力求获得不一样的体验，因此，当前主要目标在于打通虚拟世界和现实世界，并在部分领域实行强映射，例如，意识形态领域、信用领域、刑事犯罪领域等，而部分领域暂时没有涉及，例如，货币体系、规则报备等，暂时还未能实现精细化管理。细节上有很多值得探讨的地方，比如强映射的领域，如何进行宇宙适应性变更，如何进行实时有效的监管，面对新形态的问题如何解决等。同时，需同步探索法律体系的支持度以及网络伦理的发展方向。技术的更新迭代也需要引起注意，如果虚拟世界的疼痛等感觉能通过现实世界的物理设备进行传导，那会改变很多事情的定性。浸入得越深，越容易受到伤害。

从一定意义上说，分宇宙世界越接近于真实、或与现实世界连通度越高，则信用体系越有传导的价值。人们只有在

“真实”的世界中才会进行真实的“生活”，相关行为评价才能更真实地反映个人实际信用情况。

过度的联通传导也会造成一定的弊端，个人有时会为了躲避这种机制，而采取一些规避措施。一旦演化成群体行为，可能会导致原本应起到保护作用的银行体系，反而变成让人敬畏而远之的静寂之地。元宇宙中的自由度，是相对现实世界的一大亮点，是需要刻意保护及设计的，不论是否真的实现了自由，但至少要让参与者有明显的主观感受。

十七、潜意识分析和表情相似度判断

元宇宙中，表情的数据是很多的，除了进行身份核验外，面部表情所展现的数据也可以进行应用。相似度的判断能替代现实世界中很多人的主观印象，以间接达到观颜识人的效果。目前已有不少可以进行面部表情识别的技术，这与当下流行的面部识别不同，是属于对人类情感的一种高级认定和分析。

目前虚拟世界对表情的模拟和仿制还不完善，可能只能展现出一些固定态的标准化表情，大多是主观刻意选择的结果。因此，分析的对象应更着重于元宇宙所能采集到的真实人类的面部表情。

个体在元宇宙中的一系列活动，也在一定程度上反映了个体的潜意识，这是一个十分值得研究和关注的现象。既有个体主观故意反映的部分，也有不经意间透露的信息，而这一切都已经被十足的数字化了，所需要的只是进一步的分析及归类。

对潜意识及面部表情的分析应用，可以用于多种银行业务领域，并对现有各类数据模型形成较好的辅助。成语“察言观色”就是基于个人经验对面部表情进行观察后，揣摩其内心思想，并基于对个人的过往了解来综合判断其习惯性思维和潜意识作用的，以达到无言已尽言的效果。银行信贷员也经常根据顾客接洽时的言谈举止、细微表情来侧面判断顾客的身份信息、背景情况，以更好地提供服务或防范风险。

越资深的银行信贷员越能有效地通过面谈所获得的信息了解真实情况。而这一切，可以由表情识别及潜意识再现的机器学习方式来嫁接到元宇宙银行系统中，并可能获得超乎寻常的效果。

十八、应对分宇宙主动通胀

分宇宙管理者可能以货币发行者的身份实施恶性通货膨胀。通货膨胀能帮助分宇宙管理者降低已发行存量虚拟货币价值，在一定程度上能促进参与者更努力地按照分宇宙规则来获取新的货币，以及一次性抹平由于货币体系不健全导致的很多遗留问题（均富）。

参与者随意拉高稀缺虚拟物品的价格，产生利润推动型通货膨胀，或者某一物品的生产率由于Bug等原因意外增长，参与者通过向NPC出售标准售价的物品使得货币供应异常增长。这些由于虚拟世界特有的物品生产方式导致的供需失衡，都会导致分宇宙的主动通货膨胀，进而影响虚拟货币的价值。

银行如果参与了虚拟世界货币体系的搭建，也应进行适当应对：一是及时取消做空机制，避免杠杆过度放大导致实际保证区间被突破；二是提前规划各类估值体系的变化，及时形成联动效应，确保相关压力被有效传导；三是被动参与，防止被通货膨胀的用户进行焦点转移；四是重新签订一揽子货币兑换协议，以确保安全边界不被突破。

十九、个人创造物的合法化认定

在初级阶段的元宇宙中，纯虚拟世界的创造发明是很容易实现的，需要更多的想象力，因为发明的各项属性及能力只需要进行“赋予”就能实现。例如，在古代世界要发明一把激光枪，并不需要先去冶铁、锻造等步骤，只需画出 3D 图，并赋予其发射激光的能力就能实现，甚至还能加上魔法属性。但在古代世界出现一把激光枪显然是不合适的，因此，要进行创造发明需要分宇宙管理者的授权，来独创世界本身没有提供的物件，又不影响整体世界的运行。而一旦此类创造物被管理者认可，有可能会变成分宇宙的通用物件，创造者也很有可能会因为为宇宙做出了贡献而被奖励。除非发明者是可以绕过宇宙安全网的黑客，并且能一直不被发现，否则一切的发明的起点，都是管理者的定向授权。

随着元宇宙开放程度越来越高，这一状况会慢慢变化，参与者可以逐步有序地开展一些创新活动。例如，通过简单的拼接，把几块石头变成一张桌子，这是模拟物理层面的创造；又如，在某些分宇宙中物品的化学属性也得以保留，就可以进行化学创造；如果分宇宙还允许生物 DNA 的重新组合，那就可以开展基因实验，并得到现实世界被禁止的生物。这时，个人创造物的合法化及版权等的认定就比较复杂，因为在元宇宙中，个人对于管理者而言毫无秘密可言，所做的任何举动都会被完整地记录在案，可以放大、缩小、快进、回放。在某些专为创造发明而设的分宇宙中，这类创造会被公允记录并体系化地受到认可，但在其他综合性的分宇宙中，有时会被认定为非法或被盗用，无法得到保障。因此，如需以此类创造发明进行价值认定，至少需要有分宇宙健全的保障体系。

在元宇宙的发展过程中，分宇宙的发明可能会直接与现实世界实时或平行联动。例如，现在比较流行的远程医疗手术，本质上是通过分宇宙桥接了两个异地现实世界，并实现跨时空的实时联动。这时候，手术患者实际上也是一种创造物。如果元宇宙进一步发展，医生是否可以借助元宇宙之力，在元宇宙中直接承接业务，并通过系统辅助，更好地完成手术呢？而这个时候，手术的合法性又如何认定呢？医生资质的判断、税收是否缴纳、仪器是否被动过手脚、患者的自愿性判断，都存在一定的信息不对称性，会影响合法性的认定，除非分宇宙对此类问题均已有较完善的全套解决方案。

在以上两个例子中，在分宇宙配套体制发展完善的基础上，是可以实现个人创造物的认定的，但在配套体制不完善的情况下，确实会引发一系列的问题。一旦个人创造物可以进行程序化认定，就可以进行抵质押物或者收费权质押，并衍生出知识产权相关的一系列商机。

二十、个人变形技术的还原识别登记

在现实世界中，由于我们的思维与肉体密不可分，通过外貌肖像就可以锁定本人的唯一性，但在虚拟世界中，我们的思维是独立存在的，而且飘忽不定，外观形象能够随时改变，已不能作为身份识别的主要手段。而随着智能 NPC 的出现，授权也不再仅限于真人，我们完全可以授权一名 NPC 代表本人开展特定范围内的活动。因此，如何在虚拟世界中识别形形色色的虚拟人物的真实身份，以及辨别本人意志，是业务有效开展的第一步。

这里提供四种在虚拟世界中穿透识别方式供大家借鉴。第一种方式，直接通过现实世界接入设备，进行真人面部识别、指纹识别、密码、声纹等识别，这种需要接入设备配备相应的专属安全设备，并且这些专属安全设备没有办法被篡改或模拟，数据传输过程也不会被截流。第二种方式，通过分宇宙管理者进行第三方认证，个人登录分宇宙时，有时会要求进行实名认证及登录验证，已登录验证的个人虚拟形象使用银行系统时，可以通过后台关联其真实身份。可能会存在银行对于身份识别的外包风险，目前大部分业务仍然还要求亲见，在元宇宙中是否能由分宇宙管理者替代，在管理者准入上可能需要严格把关，并取得监管同意。第三种方式，通过经认证的有特殊标志且不可篡改的虚拟人物形象进行认证的，仅限定于特定分宇宙，需要形象的唯一性锁定。第四种方式，利用数字签名等技术，当个人在虚拟世界中使用特有的数字签名时，则默认其背后为数字签名持有者本人。

对授权的识别，含有部分意志的客户分身。除了本人亲临外，分宇宙中是可以存在含有部分意志的分身的，可以是对 NPC 简单的授权传达，也可以是记录了部分应答逻辑的 NPC，还可以是被训练成具有相似习惯的高级 NPC 的泛化授权，并代表本人处理一些事务。只要经过个人认可，不论是何种形式的分身，都属于可以接受范围，并由客户自行承担可能存在的后果。如何确认为本人授权，形式和方法较为多样，需要根据具体情况进行讨论，并设置相应的风险控制条款。

除了客户，工作人员也可以进行镜像化，以充分利用优质的人工客服资源。一是工作人员可以对接多个 NPC 进行互动，类似于多个聊天窗口。唯一不同的，顾客看到的不仅是一个窗口，而且是一个“真人”。二是可以实现多对多服务，一个 NPC 里面可以有多个人工客服在同时提供各自专业领域的服务，对外可能感觉不到明显差异。三是可以搭配并根据需要随时切换初级机器问答、高级人工智脑、人工客户服务，随时对非人工 NPC 进行人工降临。通过多种形式的镜像化，在提高客服效率与质量的同时，也能很好地起到训练机器模型的作用，变相实现传帮带。

二十一、时空可操作性及应对策略

对于同时处于不同时空的多元宇宙来说，资产的变化就是最恒定的时间轴，对于加速或慢速运行的多元宇宙时间，银行应具有时间及时间所代表价值的换算能力，对于可操作时间的多元宇宙，应构建具有稳定的不受影响的相对独立前行的时间线。银行端作为与现实世界最直接的联系口，需要统一元宇宙基准时间，以折算各分宇宙时序进度，形成一个独立存在但又无处不在的空间。

银行还应加强对于虚拟空间合法性的研究，空间的多层嵌套、重叠的合法性的认定，以及对于带有空间属性的资产价值的等值换算。要建立元宇宙的基准汇率表及基础货币体系，相关空间要先自有一套相对稳定的价值体系，在第三方评估的基础上，纳入多元宇宙汇率换算基础，并设立空间稳定性实时监测评估体系，以准确反映汇率当前价值。

对于无限重复循环或重复出现的空间或空间片段，应能有效识别并隔离，一个封闭的场景空间是不会有新的价值产生，也不会与外界存在有意义的价值交换。

虚拟世界任何一个空间都是由分散的独立空间和基于该空间的默认潜在规则拼接而成，部分空间组成具有独特性。在空间内部的移动也可以忽略空间本身的属性，进行瞬间抵达。空间也可以具有主观控制的缩放功能。在银行空间模块的设计上，空间的附属属性和附着物的可变化性、时间的可暂停性及回放性等属性都应该被关注。

二十二、元宇宙对现实世界银行体系的反向构建

虚拟世界会对现实世界形成深远影响，并实现反向构建。在对银行网点的影响中，一旦顾客体验了虚拟银行的便利性，在现实中走进银行网点就会有许多不适应之处，除了真人客服能给予更多的亲切感，在服务质量、服务体验、便捷性等方面均无法媲美虚拟世界的银行服务。当客户已经习惯召唤

随身小精灵来解决所有银行相关业务时，排队式的物理网点可能只能继续服务于很小一部分客户群体。

正如互联网购物改变了实体商场的定位，虚拟银行也将对实体网点带来切实的改变，从功能性网点向体验性网点转变，从线下迁往线上向线上迁往线下转变，智能机器人也将成为服务主力。

科技体系将迎来一次深刻的变革，我们所熟悉的理论体系和技术体系将迎来一次革命性的升级。正如我们已经无法适应没有管网系统的古代生活，现在的生活方式可能也会被即将到来的科技时代所重构。

对世界运行体系的影响可能更为深远，元宇宙能极大地缩减空间距离导致的地域文化差异，并通过数字化实现人类继农业革命、工业革命后的第三次生产革命，对现实世界产生的反向构建模式尚无法完全评估，但对银行业务的重构和对银行服务的重新定义已初现端倪。如果不能及时拥抱元宇宙，未来可能没有一块安全之所能提供庇护。

第二章

元宇宙特征

目前，元宇宙还处于一个有待全面探索的领域，对大家来说也是一个略显陌生的概念，但其中部分特征已开始逐步显现。为使大家能更好地理解作者所描述的银行体系的建立背景，这里笔者总结提炼一些当下较为流行的且融入笔者思考的元宇宙特征。

一、真实的虚拟

物理学中经常讨论的宇宙概念有三种：宇宙大爆炸、虫洞宇宙、量子宇宙。

宇宙大爆炸认为，当前的宇宙是在一次爆炸后产生的各种形态，并仍处于飞速扩张之中。最新研究指出，这一过程可能是循环往复的，即爆炸、扩张、黑洞效应、坍缩、再次爆炸。这一宇宙观中认为，当前的宇宙空间和时间是唯一的，通过观察不同的宇宙区域处于不同阶段的实际表现，来推测整个宇宙的发展走向。

虫洞宇宙认为，当前的宇宙不是唯一的，而且我们并未能看到全貌。在更高维度的宇宙中，我们能通过虫洞进行不同时空及不同宇宙间的穿梭，并衍生了十维空间理论。由于产生虫洞需要极为庞大的能量，人类无法模拟，偶遇一个虫洞又几乎不可能，因此，仍处于理论阶段。

量子宇宙认为，宇宙是无穷无尽的，当前世界的任何一种可能性实际都存在于一个真实宇宙中，由于可能性如此之多，并且具有叠加乘数效应，因此，只能用量子来形容。而且这些分宇宙之间存在一些无法解释的联系，例如，量子纠缠。我们通过对微观粒子的研究，也捕捉到了一些奇特的现象，但由于无法解释，因此一直是物理界的天花板。

这些宇宙观，本质上还是基于现实世界的，其所探讨的，都是真实存在的宇宙的各种可能，属于物理学范畴。但元宇宙出现后，改变了这一切，在虚拟世界中无所不能，无所不有，并且如果由实入虚、又由虚返实后，还能使得物理学上的很多现象得到拓展。笔者认为，我们的身体代表了现实世界，我们的思维代表了虚拟世界，虚拟世界和现实世界在人类诞生之初就已经融为一体，并且都如此的真实。

二、真实的未来与不一样的过去

通常来说，未来具有诸多不确定性，并且具有量子化发散的特质，任何一种可能都有可能是我们所要经历的未来，也有可能不是我们所要经历的未来。通常对于未来的预测，也都是基于一定的概率的。正由于这种特征，如果在元宇宙中，用超时空的发展方式，由共同参与者一起演化出的未来，也就不一定是虚幻的。如果某一天，一位来自分宇宙已经演化至 2050 年的元宇宙居民（有可能是 NPC，也有可能是参与的人类，或是两者结合），降临到某一个现实仿生骨架中，我们又何尝不能说，这是来自未来的穿越者——这个未来已经在分宇宙中切切实实地发生，而我们也有可能经历这样的未来，并且概率比较大（演化一般会遵从大概率定律）。我们现在所做的事情，也有可能成为改变这个未来中的一部分。

同时，时序进度先于现实世界的虚拟分宇宙可能会有很多个，分别往不同的分支开展，也符合量子宇宙的概念。我们可能会同时引来不同未来的穿越者，当然我们也可以直接登录分宇宙进行体验。

对于历史，有一句古话，历史是胜利者讲述的故事。真实的历史由于缺乏直接的影像资料，在口口相传中很容易失去本真。而即使在元宇宙这样全数字化的影像记录中，由于缺乏全貌、思维部分无法记录、被篡改以及不当连接等原因，只能真实反映部分历史片段。

对于多元宇宙来说，历史不是唯一的。在量子宇宙中，每一种历史可能都是真实存在的，我们甚至可以通过虫洞重新选择所发生的一切；在虚拟世界中，虚拟的历史同样是真实的，真实度甚至超越了现实历史。历史将是可变更的，在元宇宙中，时间并不是恒定往前的，既可以根据规则进行全宇宙同步操控，也可以进行局部操控。对于元宇宙来说，过去和未来并不存在时间上的先后，因为时间的先后已经混乱，只有事件上的先后。所有的场景都能实现开放，尘封的历史也是一样的。现实历史对未来的影响力正在大幅减弱，以史为鉴可以知古今的警世名言将大幅弱化。过往的真实经历原本对人类社会的影响是巨大的，甚至能直接影响人的一生，但元宇宙中，人们的认知获得了极大的提高，而且仅依靠自身有限的想象力，这些虚拟的认知已经如此真实，已经很难分清真实经历和虚拟经历对人造成的实质影响，现实历史已经很难直接定义当前的我们及我们所处的环境。我们不得不正面一个问题，在元宇宙中，现实历史的唯一性和真实性所存在的意义，历史和未来的界限又在哪里，时间将不再是一条长河，更像是在整个平面上随意画的一条尚未终止的线，平面上的其他部分，既有可能是历史，也有可能是未来。我们既可能已经经历过，也可能没有经历过。我们不再仅被现实经历所定义，我们将被个体规律所定义。

三、十维空间接入口

个体可以根据自身需要，单独将某一特殊定制的元宇宙演化或倒流，来达到预测人生的目的，或者同时要求演化出多个不同的未来（数量取决于计算机算力），进入五维空间。由于这些未来是发生在分宇宙（可以是我们亲身进入后经历的，也可以仅是旁观演算结果），我们完全可以在现实宇宙或其他分宇宙作出不一样的选择。因此，我们实际上也已经达到了六维空间的效果，即在五维空间的状态下重新选择人生。

当计算机算力不再成为束缚，理论上可以演算出所有的未来，人类的生活将变得像下国际象棋一样透明，只需输入想要达到的结果，就完全可以在计算机提示下采取下一步行动。同时，每个节点都可能会有重大发明等无法预测的突发性事件，但计算机完全有能力在此类事件发生后第一时间预演未来，并作出应对提醒，而且提醒会十分可靠。这实际上已经达到了七维空间的能力，生活在无限中，并在无数的无限中，寻找唯一的路径。

如果我们输入的结果不止一种，比如我们现在在纠结未来是成为一个科学家，还是一个富翁，那我们可以输入两种目的，并让分宇宙在每个节点的无数演化中，提示我们哪条路径能到达成为科学家的节点，哪条路径能到达富翁节点，那我们就能达到八维空间的能力。即在无限紧接着无限的无限种可能中做出两种或以上的选择，来达到未来的两种或以上的目标。

第九维空间，可能就只能在元宇宙中实现了。如果我们在分宇宙中经历了八维空间的各种选择后，觉得一步步走太麻烦，想直接到达最终目的，我们只需要依样画葫芦，创造一个或进入一个演化成那样的分宇宙即可。经历过无限后的直接达成，在机器智能的帮助下，直接描画出时空的所有状态。

到达第十维空间后，就又可以回归现实了。经历过无限的经历，能瞬间达到任何一种可能，对于现实的你来说，这些都发生在一瞬间、一个空间。也就是说，生活在元宇宙中的我们，一开始就具有十维空间的能力。仅是因为计算机算力不足，使得这一能力暂时未能得到充分运用。

四、生物计算与元宇宙

生物计算除了存储能力更强、计算速度更快、并行能力大幅增加、耗能较低等计算层面的优势，最重要的是能直接和生物体进行对接。现有的计算机与人类的交互方式主要通过外部感官系统，例如，视觉、听觉、语言等，底层数据的架构和编译完全不同，计算机一般采取二进制的编码系统，并通过多次编译最终达到能使人类可以控制使用的地步，而生物计算则从底层编码就与人类协同，设计之初就具有了支持直接作为外脑进行运算的能力。

人类作为精密的生物体，各项机能的平衡都被调至最优，但并不妨碍将部分能力进行放大，外骨骼放大了肉体的能力，生物计算放大思维的能力，外部激素弥补了部分个体自我激励技能的缺陷。在日常生活中，这些辅助能力所带来的价值可能还没有那么显著，因为人体的各项参数及上限就是根据自然环境量身定做的。但随着社会文明的不断发展，人类探索现实世界的需求日益强烈，探索多维世界的意愿不断增强，这些辅助能力，都在不断地被开发应用，人类的生活也从一定程度上得以接触更高等级的文明，并引发了对辅助能力进一步的需求，我们需要看得更细、想得更深、飞得更远。我们正试图掌控我们的生命与生活方式，以及与之关联的整个宇宙，而不仅仅满足于乐在其中。

当然，辅助能力作为一种新兴事物，尚未被完全调优，会存在一定的后遗症，比如过度依靠外骨骼会导致肌肉的萎缩、过度使用计算机导致近视等问题、探索元宇宙会导致更多的问题。增幅越大，所面临的后遗症相对就越复杂和难以调和。事实上，在失去激素的元宇宙中永恒徘徊，在未来某一天回顾的时候，可能会被认为是一种极为残忍的处罚。

生物计算的崛起，使人类正式踏上了脑部活动解析的探究之旅，并且迈出了关键性的一步。元宇宙的建设也是其中的关键领域。通过生物计算，不仅能打通人与机械的沟通，更重要的是，能打通人与人的底层思维架构的直接联络。古代的虚拟世界，主要存在于每个独立个体的思维中，通过手抄本进行小范围的分享。近代的元宇宙，通过计算机和互联网取得更广范围的参与度，并初步提出了元宇宙的概念。未来的元宇宙，基于生物计算的脑部思维直接互联互通，又将迈上一个新的台阶。当降临机制完善到可以随时打印全套肉体、生物计算机能直接全方位替代人脑的时候，也许就真的会出现神域与人间。我们的思维与灵魂生活在无所不包、无所不有的元宇宙，但由于缺乏肉体的喜怒哀乐，在排队申请指标后，即可降临至打印肉体中，体验现实生活。

人类的出生，从某种意义上说，可能是常态化降临机制的一种安排，毕竟更不容易打扰到现实生活，也不需要额外的研究管理人员进行打印设备的维护。人类的生老病死可能就是为满足无数思维体不断降临及回收的需要。当然，这一切的假设是人类没有意识到这个问题并任由其发展，或者没有能力进行干预，或者任由现实世界走上了无限可能中的一条路径。如果对元宇宙从一开始就设置一定的规则，未来实际上就会有无数的选择与可能。现实世界的唯一性（如果现实世界真的是现实世界的话），将使得整个元宇宙的发展变得十分有趣。假设地球生活对当前人类来说是唯一的现实世界的话，那地球是不是唯一的？根据目前的探测结果，人类永远无法离开太阳系，而宇宙又是无边无际的，那是否可以认为，地球宇宙就是元宇宙中一处降临场所，在其他场所中，有着相同或不同的分宇宙的设定，以便于随时降临。

目前尚没有人类发现过元宇宙的任何迹象或者分宇宙的场景，最多也就是毫无根据的想象。既有可能是并不存在分宇宙，我们是当下唯一的现实，或者说还处于元宇宙的起源阶段；也有可能是元宇宙在降临时，为确保现实感，选择抹去了降临者的部分记忆，待回收时再进行赋予，而分宇宙的实际管理者，被要求不能在分宇宙中有直接接触或露面。在无限的无限中，任何一种都是可能的，以当前的科技水平和认知能力，尚无法辨别。

五、能量——元宇宙的真正桥梁

现实宇宙是由物质构成的，物质的各种属性、可变性及细微性一直是物理学研究的基础。当质能转换方程和能量守恒定律被提出后，我们不妨换个角度看世界。我们可以看作处于一个布满不同能量的世界，当能量处于稳定状态时，就以物质形态存在，物质只是能量的一种表现形式，物质与物质间的相互作用，其实是能量与能量间的相互作用，不同的物质只是能量密度的不同。这样一来，很多事情就会得到统一及被重新认识，例如虚拟世界与现实世界的统一。

虚拟世界也是通过能量进行构建的，最直观地来说，我们需要在显示器的不同部位通过不同的电流来展示不同的颜色和亮度。我们实际是用一种弱能量的方式在重建世界，与现实世界最大的不同在于能量的强度。现实世界中即使一粒豌豆所蕴含的能量，也足以构建几百个虚拟世界。我们所在的虚拟世界中所受到的种种束缚和限制，基本上都是源于其能量强度不足，除此之外并无区别。

增加现实与虚拟的互动联通，就是将强弱能量世界形成一种映射关系。如果能更好地研究能量的各种属性及互动形式，我们就能更好地构建虚拟世界，并使其本身具备一定的互动能力，而不是所有事物都需要进行定义，从而更接近于造物。目前仅通过视觉听觉的能量互动方式将会不断拓展，从而更接近于真实。考虑到能量守恒定理，我们只能造出比现实世界总能量更少的分宇宙，可以是整体能量含量降低、体积增大，也可以是能量密度不变或加强、体积减小。考虑到能量密度的不同可能导致自生生命体的不同，虚拟宇宙中所诞生的智慧生物，也许会超越人类本身。通过降临或学习的方式，可以增强整体智慧。能量遍布着整个空间，高密度能量的稳定性和散佚性对应于强核力与弱核力，低密度能量的稳定性对应于引力，低密度能量（低于稳定临界值的能量）要趋于稳定，会自发进行聚集，从而形成类似于高密度能量互相吸引的现象，低密度能量的分布状态对应于电磁力。黑洞的存在可能是能量密度突破了另一层能量稳定值引起的，黑洞的内部可能并不是无限挤压的，只是形成了一系列超级重元素，而为了达到稳定状态，还在不断吸收周围散佚的能量。物质的各类形态只是能量储存的不同状态。当然，这些都只是猜想。

通过设立不同能量强度、能量密度的分宇宙，我们能更好地观察能量的本质及能量的相互作用方式，从而反向促进分宇宙的建立。这一螺旋进展可能会被突破，在短时间内引领人类迈入新的文明阶段。

从一定意义上说，元宇宙的构建会被能量领域所束缚，我们暂时无法构建非能量物质为基础的宇宙，因为构建元宇宙的基础材料都源于现实世界，而现实世界是由能量物质构成的。我们目前也尚无法想象非能量物质及其运作体系。

六、知识文化的融合及创新

元宇宙能更好地整合知识和文化等要素，通过加强交流及融通，迸发出新的火花和思想。

在文化领域，能使具有地方特色的文化内容更容易展示其魅力和本质。各种文化均有其形成的独特魅力，只通过冰山一角很难体味到其实质内涵，而在信息传播受限的现实世界，即使是赴当地旅游，观看各类由当地人精心策划的文化演出，也只能大致体味，而无法通过沉浸式体验了解其全部精髓。元宇宙能较好地改善这一状况，在沉浸式体验和模拟全方位、全天候展示方面具有得天独厚的优势，从而使地域文化特色能真正走向世界，并创造出全新的商业价值。

能促进不同的文化间的融合交流，形成新的商业价值或文化体系。目前，网络新兴文化的代表之一就是赛博朋克，但随着各种文化魅力的充分展现和融合，将能产生更多新的文化变迁和体系，并孕育出新的生活方式及商机。不同文化的交流融合还有助于实现人类命运共同体，对于熟悉了解的事物相对会有安全感。例如，欧盟就是建立在对彼此的文化熟悉和认同，但又各自独立的基础之上的。

在知识领域，知识产权保护范围将大幅扩大，而国际间的知识体系交流将得到加强，跨地域、跨学科的多种形式的交流将变得更为普遍和专注。知识的收费将无处不在，但又相对隐形，正如建立在地下的管网体系。

知识的传播将变得更为便捷，大学等机构将被重新定义，传统大学赋予的基础知识传播、优质教师资源、高级实验室、优质的联合研发团队等方面都将被元宇宙轻松取代。在元宇宙中，完全可以建立一座跨国际、跨领域、集所有高端教授资源、整合全球高级实验室、面向全球进行各种程度、各类体系知识传播的综合性知识集聚地。

知识的传播与分享将变得更为生动有趣。如果在元宇宙中建立虚拟学校，鉴于元宇宙的各类特性，“魔法”将不再止步于想象，我们甚至可以学习如何在元宇宙中“施展”魔法。在虚拟学校中，可以有飞行的扫帚、会自动清理的教室、能够说话的人物画像，这些都将成为最简单的配置。

知识的进步将多层次加速。分享与交流的畅通、知识获取的便捷生动、线上线下的整合联动、人工智能的辅助、线上模拟实验室、线下生物外脑的嫁接，都将极大幅度地提高知识的迭代和更新。

七、通用性与多变性

分宇宙的特殊性难以预测，包含的内容较为广泛。即使仅通过标准数据的对接，分宇宙也可以以时间可倒流等各种符合当前宇宙规则的理由进行现实世界的数据特殊修订或解释，引起诸多业务纠纷。

元宇宙中有一些属性是不变的，例如，基础语言体系，而一旦参与者开始进行通用语言的沟通，分宇宙实际上就被剥离为现实世界的通信体系，甚至可以进行多宇宙甚至多时序之间的同步交流。

有一些属性的变化是有迹可循的，例如，物理规则可能被放大或缩小，时间可能更快或更慢，但都源于现实世界，同宗同源。

对这些不变之处的识别有助于更好地理解与识别分宇宙，毕竟商业机构并不仅仅是分宇宙的参与者，更多的是在探究如何驾驭。

除了经报备的基本规则，多变性也构成了元宇宙独特的风景，由于构建迅速，彻底改变可能也只在一念之间。如何识别唯一性、快速应对变局、建立变化前后关联性分析，是元宇宙分析的常态。

具有鲜明分宇宙特色的人物或环境，客串进其他世界，或融合形成新世界，在缺乏想象力的当下，将会很常见。在这种情况下，一个分宇宙内可能会同时存在两套完全不一样，甚至不相容的宇宙规则，并且互相作用，形成官方认可的结果。这与一般的空间嵌套不同，两套或多套宇宙规则是在同一个空间的局部同时作用，较难进行割裂管理，不可预知性既是出彩性，也给银行等机构管理带来了难度和挑战。在极端情况下，有可能造成整个分宇宙的崩塌。如果分宇宙是建立在区块链等不可逆架构上，那影响就更大。此类事件，可以归入操作风险事件管理，设定连续性运营计划及重大不可预知事件恢复方法。例如，如果分宇宙崩塌，是否在分宇宙中相对独立的银行体系也会同时崩塌？

「结束语」

本书试图描述一个宏观整体的元宇宙银行体系及配套设施的远景图，并讨论一些可能面临的关键性问题，包括一些假设与猜想。笔者认为，元宇宙实际是对一切数字化的统称，而非一种新兴产物。近20年来数字化的进程如此迅速，已经占领了生产生活的方方面面，并导致了诸多肉眼可见的变革，其所呈现的燎原之势及全覆盖趋势已经足以称得上再造一个包含现有世界的更为宏大的宇宙。因此，元宇宙并不是刚刚起步，而是早已潜移默化地发展至今，并已达到了初级阶段，下一步将全方位地整合应用，及更广泛地拥抱新兴技术和继续革新延续了几千年的生产生活方式，达到质变的效果。社会文明、技术进步和各领域新理论新学科的诞生，将迈入一个全新的阶段。这个奇点的门槛已经被跨过，并且很难再回头，而未来的多姿多彩和量子化特征确实很难用现今的思维去完全揣测，也许若干年后会发现。本书的很多遐想完全落于俗套，不值一提，或者某些提法确实具有一定的远瞻性。但重点是，我们大家都是元宇宙时代的初诞者和见证者，元宇宙的最终形态都将是我们共同思考和奋斗的结果，这就已经足以让这个时代被铭记于世。

本书尝试性地给出了一些分级式的逐步实施方案，以便于读者有序地尝试，但过多的细节描述可能会打乱本书的整体架构，因此，很多章节并未详细展开。留给读者不少想象空间，对元宇宙建立初期的探索尝试来说，也许反而是有利的。同时也欢迎大家与笔者开展学术性的探讨。

最后，要衷心感谢支持本书撰写和出版的诸位，以及耐心读完本书的读者，希望作者的一些感悟和体会能引发一些共鸣和启迪，而不仅仅是留待后人评判。

再次感谢！